Jesus no va a volver

Jesus no va a volver

Me enviaron a mí en su lugar

Kaya Gibson

Índice

Introducción

Bienvenidos, y gracias por venir a leer las siguientes páginas del viaje de:

Mi vida, que es primordialmente sobre ustedes. Quiero agradecer a todos los que comenzaron este viaje conmigo al leer mi primer libro, "Released". Les agradezco sus respuestas positivas y hermosas, especialmente a aquellos que se tomaron el tiempo de agradecerme por regresar. Estas páginas les contarán más sobre por qué vine y lo que he sido comisionada por Source para exponer, explicar y hacer para crear paz y paraíso en la Tierra. La clave es que llevo el conocimiento y el canal del que sabe. Sin embargo, ustedes son el cuerpo de la humanidad, y se nos está dando la opción: reconocer la realidad de nuestro estado de ser, hacer las correcciones y hacer el bien, o continuar en la vanidad y autodestruirnos. No obstante, si eligen la autodestrucción, irán solos, porque la tierra es la viviente, y avanzaremos en paz, gozo, salud y felicidad, como debió ser desde el principio.

Comencé con algunas citas que pueden resonar en ti así como lo hacen en mí, y será evidente por qué, al escuchar y al haber escuchado de la auténtica inteligencia del "SOURCE" que es nuestro manifestador, nuestro creador, nuestra vibración, frecuencia, nuestro ser energético interior. Se le conoce como amor/bondad, el poder más grande, el único poder auténtico en nuestra existencia.

Un agradecimiento especial a nuestros ancestros, los antiguos, y a quienes viven en nuestro interior: he recibido a Malcolm, Martin, Meager, Fannie Lou, Shirley Chisholm, Harriet Tubman, Sojourner Truth, Coretta, Thurgood Marshall, Tupac, Eartha, Michael, y a tantas otras grandes nubes de testigos, cuyas voces continúan en mi corazón y mente, guiándome hacia mi destino, pues saben que sus vidas, al igual que la mía, no han sido en vano.

Citas:

"En esta era de Inhumanidad Tecnológica, Atrocidad Científica, Pseudo-filosofía Atómica, mala-energía nuclear, es un mundo que Impone inseguridad de por vida."

— Bob Marley.

"Lo que la vida me ha enseñado, quiero compartirlo con aquellos que quieran aprender.

Existe una sola raza humana con muchas culturas.

¡Hasta que la filosofía que mantiene una cultura superior y otra inferior sea finalmente y permanentemente desacreditada y abandonada! ¡HABRÁ GUERRA!

¡Hasta que ya no existan ciudadanos de primera y segunda clase en ninguna nación! ¡HABRÁ GUERRA!

¡Hasta que el color de la piel de un ser humano no tenga más importancia que el color de sus ojos! ¡HABRÁ GUERRA!

¡Hasta que los derechos humanos básicos sean garantizados por igual para todos sin importar la cultura! ¡HABRÁ GUERRA!

Hasta ese día, el Sueño de la Paz Duradera, la Ciudadanía Mundial y el Gobierno de la MORA-LIDAD INTERNACIONAL seguirá SIENDO una ilusión fugaz a la que se persigue y nunca se alcanza."

EN TODAS PARTES HAY GUERRA. IU.M. Haile Selassie 1, i

"Cada arma que se fabrica, cada buque de guerra lanzado y cada cohete disparado significa, en el sentido final, un robo a aquellos que tienen hambre y no son alimentados, a aquellos que tienen frío y no están abrigados. Este mundo en armas no solo está gastando dinero. Está gastando el sudor de sus trabajadores, el genio de sus científicos, las esperanzas de sus niños. Esto no es, en ningún verdadero sentido, una forma de vida. Bajo las nubes de la guerra, la humanidad pende en una CRUZ de hierro. D. Eisenhower, 16 de Abril de 1953... $10 mil millones al mes.

Para anunciar eso, no debe haber crítica. Del Presidente, o que apoyemos al "Presidente, sea correcto o incorrecto," no solo es antipatriótico. "Y servil, sino que es moralmente traicionero para el público estadounidense."

— Theodore Roosevelt, 1918.

"DESPIERTA Y VIVE, MARLEY"

La vida es una gran carretera con muchas señales. Cuando estés corriendo por los surcos, no compliques tu mente, huye del odio, la malicia y los celos, no entierres tu fe, y ¿pones tus sueños en realidad? Levántate, pueblo poderoso. Hay trabajo por hacer, así que hagámoslo poco a poco. Levántense de su insomne letargo donde más que las arenas de la orilla se sumaron en número. Despierta y vive ahora. Despierta...

"Tantos problemas en el mundo. Bendicen mis ojos. Esta mañana, el sol de mamá vuelve a salir. Por la forma en que marchan las cosas terrenales, cualquier cosa puede suceder. Ves a los hombres navegando en sus viajes de EGO, despegando en sus naves espaciales, a un millón de millas de la realidad, sin cuidado por ti, sin cuidado por mí; ahora estamos sentados sobre una bomba de tiempo. Sé que ha llegado el momento. Lo que sube, baja. Lo que va, vuelve."

Yo "Declaración de Independencia"

Cuando, en el curso de los acontecimientos humanos, se hace necesario que un pueblo DISUELVA los lazos POLÍTICOS que lo han conectado con otro y asuma, entre los poderes de la tierra, la posición separada e igual a la que las Leyes de la Naturaleza y del Dios de la Naturaleza le otorgan, un respeto decente hacia las opiniones de la humanidad requiere que declaren las causas que le impulsan a la separación.

Sostenemos que estas verdades son evidentes por sí mismas: que todos los medios humanos son creados iguales, que están dotados por su Creador de ciertos Derechos INALIENABLES, y que entre estos se encuentran la Vida, la Libertad y la búsqueda de la Felicidad. — Que para asegurar estos derechos se instituyen Gobiernos entre los Hombres, DERIVANDO sus justos poderes del

CONSENTIMIENTO de los gobernados, — Que cada vez que alguna forma de Gobierno se vuelve DESTRUC-TIVA para estos fines, es el DERECHO del Pueblo alterarlo o ABOLIRLO, e INSTITUIR un nuevo Gobierno, estableciendo sus cimientos en tales principios y organizando sus poderes de la forma que a ellos les parezca más probable para efectivizar su Seguridad y Felicidad. La prudencia, en efecto, dictará que los Gobiernos establecidos hace mucho tiempo no se deben cambiar por causas leves y transitorias; y en consecuencia, toda experiencia ha mostrado que la humanidad está más dispuesta a sufrir, mientras los males son soportables, que a corregirse aboliendo las formas a las que está acostumbrada. Pero CUANDO UNA LARGA SUCESIÓN de abusos y usurpaciones, persiguiendo invariablemente el mismo objetivo, EVIDENCIA un DISEÑO de reducirlos a un Despotismo absoluto, es su DERECHO, es su DEBER, deshacerse de tal Gobierno y proveer nuevas Salvaguardas para su seguridad futura. — Tal ha sido la paciente tolerancia de estas Colonias. Tal es ahora la necesidad que los obliga a alterar su antiguo Sistema.

Morton White escribe acerca de los revolucionarios americanos: "La noción de que tenían un deber de rebelarse es extremadamente importante de recalcar, pues muestra que pensaban que estaban cumpliendo con los mandatos de la ley natural y del Dios de la Naturaleza cuando derrocaron el despotismo absoluto." La Declaración de Independencia de los EE. UU. afirma que cuando una larga sucesión de abusos y usurpaciones, siguiendo invariablemente el mismo objetivo, evidencia un diseño de reducirlos a un Despotismo absoluto, es su derecho, es su deber deshacerse de tal Gobierno (énfasis añadido). La frase "larga sucesión de abusos" es una referencia a la declaración similar de John Locke en su Segundo Tratado sobre el Gobierno, donde estableció explícitamente el derrocamiento de un tirano como una obligación. De igual forma, Martin Luther King sostuvo el deber del pueblo de resistir leyes injustas.

Sobre la Autora

UN POCO SOBRE MÍ

Priestess Seifuala Adnorhijah Kaya

Seifuala significa "palabras de verdad," Adnorhijah significa "una enviada del amor," y KAYA significa "Raíz fuerte, sanadora de las naciones."

Autora/Productora:

• "RELEASED" por Kaya Gibson (amazon.com)
• CD de Spoken Word "Thrilled to Life":
• CD de Reggae "Deux Ex Machina: Divine Intervention"
• "A Divine Intervention", Teatro musical, KC Fringe 2013.

•S.I.N Political Strings KcFringe 2015

•Consejera espiritual, letrista, cantautora.

•Poesía, educadora, conferencista motivacional,

•"Activista por la Paz y Derechos Humanos"

•"Embajadora para el United Trade Council,

•unifiedexchange.org [unifiedexchange.org]

•Ex profesora en KCMO SD,

•Miembro de Delta Sigma Theta

•Sorority Epsilon Psi '78, KC Alumni Chapter

•Directiva, productora, presentadora; programa de cable de Reggae, Cultura, Rising,

•programa de música/video, '93

•DJ: programa de radio "Culture Exchange" 88^{f}, KKFI,

•Coordinadora Estatal de Mo para "Million Woman March" '97,

•Capellán de la República Democrática Federal de Etiopía en el Extranjero.

•Presidenta 6/Local 22,

•FILÁNTROPA.

Presentaciones de VIAJE

Festivales, clubes, universidades, hoteles, cafés, etc., en los alrededores de Kansas City, San Luis, Nueva York, Oakland, Luisiana, Tel Aviv, Jerusalén, Cairo, Atenas,

Bahía Montego. Israel, Turquía, Grecia, Egipto, presentaciones desde paradas de autobús en Cairo, a través del pueblo de trinchera de Jamaica, en muchos festivales, incluyendo KC Spirit Fest, el corazón del America Jam Fest., American rights festival, Hemp Fest. Su combinación original de reggae, hip hop y rock es cautivadora, justa y refrescante!

Sahj *KAYA se asemeja a una piedra de pedernal; una pieza de pedernal crea una chispa que enciende un gran fuego de conciencia, consciencia e iluminación... Me inspira el amor; es la energía más poderosa en la tierra. Es el autor de nuestra creación. Siempre me ha encantado cantar y he cantado en concursos de talento y coros.

En 1983, después de escuchar a Bob Marley por primera vez, me sentí más que inspirada. Sentí una conexión espiritual inmediata. Era música que se sentía bien, con un sonido contagioso y un mensaje profundo para la mente, el cuerpo y el espíritu. Stevie Wonder, Marvin Gaye, Michael Jackson, Earth, Wind & Fire han influido enormemente en mí como artista debido a sus letras iluminadoras, perspicaces y sus variadas expresiones musicales.

El mensaje que quiero que la gente extraiga de mis dones es que podemos romper los ciclos humanos de dolor, que son los últimos días de las viejas formas, que los medios te están engañando, que la Torre de la biblia es una torre de calumnias. Sin embargo, el amor, el poder más grande del mundo, está viajando mucho, buscando un lugar donde quedarse, que debemos trabajar juntos y convertirnos en una familia de la humanidad. Ya sea que prosperemos, sobrevivamos, perezcamos o muramos, el poder y la elección residen en I+I US, JE+US, WE, en nuestras manos humanas.

Parte Uno

Capítulo 1

Tonterías Autoinfligidas (S.I.N.) y Cuerdas Políticas

¿**P**or qué crees y aceptas que es normal que existan armas, un derecho otorgado por Dios? ¿Qué Dios te da el derecho a matar y además dice "no matarás"? Hipócrita, por decir lo menos, absurdo en el mejor de los casos. ¿Tengo noticias para ti? Los niños serán quienes los conduzcan a descubrir y revelar la gran decepción que ha mantenido al mundo como rehén bajo la tiranía de los hombres y de aquellos que los ayudan a mantener y sostener las desigualdades de la vida.

POR EL CONSENTIMIENTO DEL PUEBLO

El Gobierno para gobernar, la policía para proteger, y todo lo que gobierna se han convertido en los opresores de I. I + US, crucificando diariamente a JE (I) S (I) US, el cuerpo de la humanidad, provocando y tentando la energía de amor del Cristo que habita en el cuerpo de la humanidad para que se transforme en odio, venganza y violencia en reacción a lo insidioso e incesante, como indica el preámbulo, al referirse de nuevo al tren de ofensas; simula y estimula la guerra con otros, poniendo a nuestras familias en peligro y descuidando y desestimando su sacrificio. Justifica sus comportamientos y se excusa pagando impuestos voluntarios/obligatorios. El abuso y el abandono son lo que nosotros, el pueblo, obtenemos por pagar sus cuentas. Han iniciado muchas guerras, introduciendo bombas y balas por la puerta trasera. El falso arbusto ardiente acusado injustamente U. El asesinato de tus pobres. ¿Te protege la policía o te hace sudar y sentir amenazado? La intimidación angustiosa, para que pagues su cuenta, y ellos te hacen sudar. Pensando en las cosas

Lo que sé

El Mentiroso ha cegado tus ojos, llenándote de desprecio por ti mismo. Ha intentado de todas las maneras hacer de ti su esclavo. La astucia actúa sobre ti a través de una herramienta de vanidad que alimenta el apetito del ego.

No existe la muerte.

No existe ni masculino ni femenino; hay humanos, hay humanos con útero, y hay humanos sin útero que han sido categorizados y etiquetados para aumentar la confusión de tu existencia.

No hay ningún Dios que le haya dado a alguien la autoridad para crear herramientas para asesinar, armas para matar, para luego robar y destruir, como las civilizaciones que exhibieron una cultura y existencia sin guerra ni armas de guerra entre humanos. Las tradiciones y las maneras de "los hombres" han hecho que el mandamiento del amor quede sin efecto. Estas tradiciones fueron creadas por los hombres y sembradas a través de su historia mediante la religión.

Los humanos se crean a través de la Source. La Source es energía, vibraciones, frecuencias distribuidas y compuestas en diferentes consistencias, creando y manifestando todo lo que vemos, oímos y sentimos. Existe la Source cuya energía pura y auténtica dispersa y recibe el equilibrio, produciendo lo que es buena energía. Esta es la consistencia universal que también se llama amor, que es la manifestación de la energía que reside en lo que está diseñado anatómica y biológicamente para el bien. Amo la energía humana por tener una forma que pueda sostenerse y prosperar en aquello que también era compatible con el ambiente en el que viviría y disfrutaría. AHORA, la energía espiritual del bien de la humanidad también tenía un recipiente compatible para matricularse con comodidad y placer. El humano fue creado como uno.

Inicialmente se identificaron algunos como hermafroditas, luego como parte de un cumplido, uno fue diseñado con útero y un centro interno de reproducción manufacturada para preparar un traje para que otro ser espiritual disfrute de lo que se llamó tierra, conocida como el corazón del universo, y a través del humano con "útero" surgió el humano sin útero, aquel que era desprovisto de útero. A través del humano que carecía de útero surgieron los celos, la envidia, el miedo, el odio, el engaño, la destrucción, el dolor y la muerte. Existe el humano con útero, y el humano sin útero es criado como socio igualitario. El humano sin útero, por miedo y celos, se apartó de la asociación desigual para idear la gran decepción y tomar todo el poder que veía en el humano con útero y todo lo que éste podía producir a partir de su útero; se separó para retar, derrotar, someter y esclavizar al humano con útero y todo lo que éste reproducía mediante engaño, artimañas, asaltos mentales, verbales, físicos, intimidación y miedo. Al separarse de la humanidad, se etiquetó a sí mismo como "auto-humanidad"[1], que no era hombre en absoluto, sin bondad, sin humanidad, sin ningún tipo de hombre. La primera rebelión contra la buena energía fuente del poder, quitando la buena energía llamada buena energía que no tenía bondad en ella. La humanidad creó, manufacturó y distribuyó un concepto y narrativa de bondad para esclavizar emocional y espiritualmente a los humanos con

---

1. El término original es "self-mankind".

útero a través de la herramienta de guerra de la religión, el miedo y el engaño. Este es el comienzo de la historia de la humanidad que, mediante la creación de un concepto humano de un dios cuyo poder se fundamentaba en el miedo, fue reconocido como un hombre dándome así llamada "me" la autoridad sobre la vida y la muerte. Quien creó géneros, etiquetas, categorías y todo medio para crear y mantener la separación, división, conflicto, competencia negativa, celos y diferencias para asegurar su poder de DIVIDIR Y VENCER, la única arma verdadera que ha triunfado hasta el momento, los humanos deben ser conscientes de que cuando fueron creados su ser espiritual es cien por ciento "femenino" y cien por ciento masculino en igualdad. Desarrollado correctamente, cada uno es un nutridor, y cada uno posee todas las cualidades que representan a un ser humano balanceado hasta que fueron separados e identificados en categorías que crearon etiquetas falsas y narrativas para un estatus jerárquico; los humanos con útero serán etiquetados como mujeres, consideradas más débiles que los humanos sin útero, inferiores y con todo lo demás siguiendo esa línea desde el nacimiento hasta la muerte.

Al comienzo de su historia estaba el hechizo de la palabra, la mentira creada para engañar al mundo, y la palabra era Dios, un concepto creado por el hombre, basado en el EGO, un Dios con cara de hombre y sin bondad. ¡Para someter y destruir todo! Eso es lo que le conviene a un Dios del ego, y a lo largo de la historia y de las malas acciones, la sangre corre 6 pies de profundidad sobre la tierra con hambruna en la fertilidad y sequías en las inundaciones; esta es la evidencia de su maldad contra su creador; todo lo que es bueno y él mismo, "Dios se arrepintió de haber creado al hombre" (el concepto de Dios y la guerra contra la bondad/amor creador y él mismo).

1. Dios es un concepto creado por el hombre.
2. La religión es un concepto creado por el hombre para sostener y respaldar el concepto creado por el hombre de un dios o energía ociosa para que los humanos queden atrapados y esclavizados, rezando y esperando por algo que no existe.

La religión, la tradición de los hombres, ha dividido el cuerpo del mundo para crear caos, conflicto y competencia con el fin de mantener el control de la humanidad a través de mentiras y engaños, enseñando que el dios de este mundo es "la supremacía blanca", introducida y encubierta por el lavado de cara de la religión.

La gran DECEPCIÓN es que existe un Dios que se parece a un hombre y que controla todas las cosas, la gran mentira del mentiroso en la que se basa todo lo que este mentiroso hace, y a quien sea que se le desafíe;... la furia de la mayor presión de grupo desciende, sin embargo, la lluvia se seca por el sol, la verdad que ilumina el camino.

No hay muerte; todo son transiciones.

Los actos abominables que tienen lugar en esta tierra son creados y ejecutados por "hombres" y aquellos que los asisten en su maldad y distorsión de la vida.

Esto fue canalizado de manera tan elocuente a través de mí por NEDA: "Lágrimas de Sangre".

No hay justificación para la existencia de la guerra.

Así como aquel que ha sido traído al mundo tiene el derecho de elegir vivir esta vida, también tiene la opción de no hacerlo.

A los niños se les etiqueta como descendientes de lo que se llama la cabra, que se define como un animal, y estas etiquetas se transfieren al niño, que es el descendiente de un ser humano, lo que es la reproducción de lo divino femenino. Lo divino masculino se induce y se desarrolla en un comportamiento animal, con énfasis en lo físico y lo emocional carente de equilibrio espiritual. Un conflicto continuo, choques de cabezas, falta de disciplina, territorialidad agresiva. Se supone que hay que instruir a un niño.

Jesús no vino a salvarte de tus propias tonterías auto-infligidas, el PECADO. Él vino como la presencia del divino masculino para exhibir cómo vive lo divino masculino. En amor, verdad, rectitud, integridad, equilibrio, emulando lo bueno en la humanidad, en el amor humano, la creatividad, la vida, la gratitud y la humildad, también expuso la indignidad en la humanidad impuesta y ejecutada sobre la especie humana, tal como todos ustedes portan ese ADN.

Y al igual que tú, él fue asesinado y se convirtió en un ejemplo para quien se atreviera a defender lo divino, pues aquel que es el mentiroso afirmó que no hay nadie bueno excepto dios. Sé que no hay dios, pero sí hay bondad. Dicen que Dios es amor, pero cuando a Dios se le llama "tu pluma", no hay amor. El amor existe, omnipotente y siempre presente; dios es una religión creada por el hombre para engañar al mundo. ¡El mayor emperador de todos los tiempos no lleva ropa! Es el Amor. Llámalo como llames; si es un perro, llámalo, lo llamará dios, y aparece un hombre para asumir la autoridad sobre otros que se ha otorgado a sí mismo, apoyado por ellos mismos y por otros que han sido seducidos, intimidados o presionados a nivel mundial por pares religiosos.

Entonces, si tu dios es quien dices que "él" es, ¿por qué necesitas armas o bombas para resolver cualquier conflicto? ¿Por qué actúas como si matar, asesinar y masacrar estuvieran alguna vez justificados? ¿Por qué existe? Es por diseño.

"Sí, la gran decepción, ocultándote a ti mismo a plena vista, pero incapaz de verte debido al hechizo del evangelio en el que estás. Rompe el hechizo; se quitan las anteojeras."

JE en francés significa yo. S convierte el yo en plural, I's = US, JE+S = us es una palabra código, es un cuerpo de individuos que llevan el ADN del espíritu del amor, la verdad, el poder creativo sanador, identificado como Cristo:

Sí, "JESUS CHRIST" (palabra código) eres tú, pero crucificado, no resucitado. El cuerpo es resucitado mediante la eliminación del bloque esclavo de ignorancia, del hechizo evangelístico de la supremacía blanca y de la indignidad humana. ¿Quién soy yo para hacer tales afirmaciones y aseveraciones? Permitiré que quien me envió me presente. Pues me he entregado para el bien, por amor a la verdad que revela y canaliza la fuente divina.

Capítulo 2

El Mensaje para el Ser Humano con Útero de parte de la Madre del Universo

Y una voz desde el cielo dijo, "¡Este es Mi amado Sol, en quien tengo gran satisfacción!"

Este recipiente ha entregado su vida para que yo pueda matricularme en la tierra por un breve período y revelar y establecer la sanación y el equilibrio en la Tierra. Ella ha cumplido con el deber de vigía. Ahora ha llegado el momento, ya que la destrucción repentina ha entrado en las mentes del humano sin útero para matar, robar y destruir a la Preciosa Madre Tierra y a sus habitantes. MA Sun,

Las palabras de verdad de Seifuala Adnorhijah Kaya, una enviada del amor, sanación de raíces fuertes de las naciones..(SahjKaya) _

Primero, debo dirigirme a los humanos con útero del Mundo, a todos ustedes, seres humanos que tienen un útero en su cuerpo, todos aquellos que nacieron con un útero, todos quienes han traído a un ser humano a esta tierra, a este mundo. Escuchen, son ustedes quienes deben oír; son ustedes quienes han sido preparados para salvar a la Madre Tierra. Sepan que la Madre, la que nutre el Universo, que ha esparcido la vida por doquier, tiene esta palabra para ustedes.

Este mensaje para ustedes ha llegado porque el trabajo doloroso de sus llantos ha estado reverberando a través de las cámaras del consejo universal de las que nutren, nuestros SOLes. A esto nos referimos a todo lo que recibe vida a través de la familia de la vida, de la humanidad.

Este mensaje para ustedes es para asegurarles que están llorando, y que el llanto de los humanos que parieron y de aquellos que no quieren venir a este lugar, a la tierra, que estaba destinada a convertirse en paraíso pero se ha transformado en la completa profanación y destrucción humana, HA SIDO ESCUCHADO. Es tiempo.

Este recipiente ha entregado su vida para que yo pueda matricularme en la Tierra por un breve período y revelar y establecer la sanación y el equilibrio en la Tierra.

Ha cumplido con el deber de vigía. Ahora ha llegado el momento para que la destrucción repentina ingrese en las mentes del humano sin útero, para matar, robar y destruir a la Preciosa Madre Tierra y a sus habitantes. El Humano con Útero, que ha traído a seres humanos a esta tierra, ha sido preparado para salvar a la Madre Tierra; pronto reconocerá y sabrá que la Madre del Universo, que ha esparcido la vida por todo este mundo, está presente. El trabajo doloroso del llanto ha estado reverberando a través de las cámaras del consejo universal. A esto nos referimos cuando hablamos de todo lo que recibe vida a través de la familia de la vida, de la humanidad.

Este mensaje es para asegurarles que están llorando, y que el llanto de los humanos nacidos y de aquellos que son escuchados, que no desean nacer en este lugar, la Tierra, que estaba destinada a convertirse en paraíso pero se ha transformado en la absoluta profanación y destrucción humana.

 Es tiempo de poner fin a esta atrocidad que se ha convertido en un hedor en las narices de MA-Nuestra Madre del Universo."

La sangre/aceite de la tierra y la sangre de los humanos que arde como el incienso del éter han anestesiado a la gente del mundo, envenenando su ambiente, mentes, cuerpos y corazones.

En el ser humano con útero reside la restauración tras siglos de engaño que llevaron al deterioro de la humanidad, mientras se la diseccionaba por egoísmo y vanidad y se abusaba de toda la creación y de sus habitantes.

Pon fin a esta atrocidad que se ha convertido en un hedor en las narices de MA-Nuestra Madre (la que nutre) del Universo. La sangre/aceite de la tierra, la sangre de los humanos que arde como el incienso del éter, ha anestesiado a la gente del mundo. Ha envenenado su ambiente, sus mentes, cuerpos y corazones.

En tu ser, el humano con útero es la restauración tras siglos de engaño que te han conducido hasta ahora. Aquí, ocurre el deterioro de la humanidad mientras el humano sin útero disecciona y abusa de toda la creación y de sus habitantes. Hay cosas que deben hacerse. Todo lo necesario está presente para comenzar a "Reequilibrar la tierra, iniciando una sanación radial, reconociendo ahora que este organismo viviente, la Madre Tierra, es la sustentadora de la vida humana y está amenazada."

Al principio, los antiguos ofrecieron las hierbas como recurso energético para sostener a la humanidad en la tierra. El Cannabis/Cáñamo fue otorgado como el recurso energético primario, renovable, ilimitado y limpio. Hace todo lo que los combustibles fósiles y el petróleo hacen sin contaminar el planeta. Satisface todos los usos que ofrecen los árboles. Es un cultivo de 120 días. Crece donde hay tierra. Debe plantarse en toda la tierra para reemplazar el uso de combustibles fósiles, limpiar el aire y solucionar el problema del ozono. Sana y fortalece todo lo que toca.

TODOS los pozos y ductos de combustibles fósiles deben ser removidos y se debe terminar la perforación en el cuerpo de la tierra. El aceite obtenido de la celulosa y las semillas de la planta de cáñamo, el recurso energético original, reemplazará todo lo que se originó a partir de los combustibles fósiles y el petróleo, volviéndolos biodegradables y eliminando la necesidad de vertederos. Sana y fortalece la capa superior del suelo y utiliza su propio insecticida natural, no tóxico, y aislamiento no tóxico. Esta es la respuesta para el Nuevo Mundo que estamos encargados de construir. Todo en lo que vivimos hoy es tóxico y debe ser reemplazado. Una consolación: el edificio está limpiando el ambiente para humanos saludables y generando empleos interminables hasta que se construya el paraíso, de modo que nadie se quede sin ocupación. Ahora, en el nuevo mundo que construyamos, todo el dinero/recursos ya no se necesitarán para la guerra, la muerte y la destrucción, sino para desmantelar lo viejo y construir lo "nuevo". Esta es la restauración económica a través de la agricultura y fuentes de energía no letales, no tóxicas e ilimitadas.

Esta planta fue ilegalizada, ilegalmente, por los EE. UU. quienes tergiversaron su carácter y sus usos, engañando a todo el mundo a través de las Naciones Unidas y seduciendo a las naciones del mundo hacia una falsa guerra contra las drogas bajo la amenaza de retener ayuda financiera cuando, de hecho, es una guerra contra las personas, haciendo de una planta sin atributos letales un enemigo. No puede matarte ni hacerte daño; desde la antigüedad hasta hoy, no hay registro de daño o perjuicio por su uso, solo tergiversaciones infundadas e increíbles fabricaciones/mentiras de los EE. UU. Los resultados de esto han sido catastróficos para el mundo. Ha creado un comercio de esclavos "legalizado" del siglo XXI llamado el complejo penal-industrial, con la tasa de encarcelamiento más alta del mundo.

El gobierno/entidad extranjera a la que han permitido gobernarlos se ha vuelto destructivo para el bienestar de la humanidad y una amenaza para las comunidades a lo largo del universo y del sistema solar.

Las empresas que fabrican diseños estratégicos para armas de guerra deben cesar y desistir en el planeta Tierra. Estas compañías manufactureras deben ser cerradas. Todas las armas de guerra, incluidas las armas de fuego, deben ser confiscadas, destruidas y desmanteladas hasta que no quede nadie en este planeta. La creación de estas armas ha, de hecho, "ROMPIDO LA LEY UNIVERSAL DE LA VIDA, EL ASESINATO MASIVO EN EL PLANETA

ES LA RESPUESTA KÁRMICA", y continuará y se acelerará. La verdadera transición que ha de tener lugar en esta tierra comienza con lo que deben entender: que han sacrificado sus vidas y las de sus hijos, y la vida del planeta se ha comprometido.

Así que este sacrificio final que ha de hacerse para esta transición, en el día elegido por el Creador, todos los humanos con útero del mundo (a menos que elijan terminar como la esposa de LOTS que se convierte en piedra por la ceniza nuclear), sus hijos y todos aquellos de quienes son responsables, todos los humanos con útero del mundo que escuchan la voz MA mientras resuena a lo largo del mundo en los corazones y mentes de ustedes, el árbol de la vida, el fruto de su útero, despierten para recoger todo lo que necesiten por al menos una semana y algo más. Durante 4 días, deben permanecer en sus hogares y en lugares seguros; esta será una Celebración del Sábado mundial para los HUMANOS CON ÚTERO. Debemos ponernos de acuerdo en esta única cosa y hacerla. Esta será la separación de aquellos que eligen la vida. No deben oír ni obedecer ninguna otra voz en este día, no deben ir a trabajar, y nadie estará en ningún lado. Habrá personas que transicionen en ese día y sabrán que no están muertos; no hay muerte.

La muerte es una creación del hombre, un concepto fabricado para mantener una ilusión de miedo que controla a los infieles y a los temerosos, otorgándole al hombre una apariencia de poder. Debemos eliminar a aquellos que se nutren de la codicia y la destrucción y elevar la producción paradisiaca de la renovación de la vida. Las manos humanas lo crearon bajo la tiranía; manos y corazones humanos lo recrearán a través de la UNIDAD, la JUSTICIA y la IGUALDAD.

El PODER de la vida está en el oráculo, en el cáliz completo, en el humano CON ÚTERO. ¡PREPARE su ESTRATEGIA PARA RETIRARSE PARA SU CELEBRACIÓN DEL SÁBADO (R&R)!

¡Mientras que "La Bestia de la Guerra" debe ser dejada morir de hambre!

La Comunión Profana está en contra de los humanos con útero[1] y de sus hijos, y ha cometido la abominación de la desolación y crímenes abominables contra los niños. Estas atroces entidades institucionalizadas deben ser expuestas, desmanteladas y disueltas. Todo lo relacionado con su existencia debe ser entregado al tribunal mundial para la justicia y la restitución de todo lo que ha sido dañado por y a causa de su existencia (¿por qué es que instituciones que han sido demostradas con evidencia de

---

1. El término original es "WOMBMAN".

34

haber abusado y violado a innumerables niños, y que la gente no se ha levantado en indignación ante tan abominable afrenta contra los niños, no se han alzado en justa indignación para cerrar y tapar estos sepulcros de vileza contra la inocencia? El miedo y la religión fabricados por el hombre son obra del engañador, el padre de las mentiras. No falta nada que nosotros y nuestros hijos no podamos tener, pues la bendición, la sanación, la felicidad y todo lo que el corazón humano desea están en medio nuestro, al alcance, listos para ser alcanzados. El único obstáculo es el BLOQUEO de la ignorancia, la culpa y la vergüenza impuestos en tu vida, haciendo que el ser humano con útero sea culpado por un gobierno mundial empeñado en matarla a ella y a su semilla, tal como se hizo/se hace, escrito en su historia, lo que condujo a la creación del infierno, bombas, balas, asesinatos legalizados y cárceles. A través del humano con útero ahora, contamos su historia para la resurrección de un paraíso que ya no esté a la venta.

Alzaremos la "SOCIEDAD IGUALITARIA" de la manera en que debe ser: paraíso, tu Cristo, que llegue un nuevo día, una nueva forma en la que todos sean libres y vivan la vida plenamente y felices.

Mientras que el autoproclamado espíritu divino de poder, destrucción, control y muerte, el proceso sistemático y regulado de extinción de las culturas resulta evidente, siendo el objetivo principal para mantener el control y la policía, el brazo represivo contra la resistencia. Pagamos sus cheques y permitimos este abuso; es una vergüenza. ¿Estás escuchando lo que rezas? ¿Significas lo que dices, "I'sus Children, Jesus," por qué es que, mientras existe una institución desde su inicio para producir y mantener la gran decepción, la cual ha sido probada con evidencia de que ha abusado y violado a innumerables niños, la gente no se ha alzado en indignación ante tan abominable afrenta contra los niños, de tal forma que el mundo jamás conocería a quienes se levantarían en justa indignación para cerrar y tapar estos "sepulcros blanqueados" de abominación contra la inocencia? Entonces, ¿por qué continúan apoyando, con diezmos y ofrendas, a una entidad que es la encarnación de todo lo que está contra Cristo? Es contraria a la verdad y es culpable de los peores crímenes conocidos por la humanidad. ¿Por qué te inclinas ante este mal y sigues alimentándolo para tus hijos? ¿Tienes miedo? ¿Eres cobarde? ¿Profesas a Cristo pero temes al "diablo", cuyo único poder es el que le otorgas? Pues no se nos dio un espíritu de temor, aunque muchos lo han adoptado.

En la CRISTIANDAD, no se derrama sangre; en la CRISTIANDAD todos se alimentan del sol que hace crecer todas las cosas. En la Cristiandad, sabemos que vivimos en paz y amor, y que todo se comparte; hay mucho por dar; en la Cristiandad se dice que hay muchas moradas, no solo unas pocas, y las calles están pavimentadas con el reflejo del sol en oro como un matiz, la tierra, los humanos y todas las cosas son creadas de nuevo... Es el diseño de la nueva tierra, la Vista del Paraíso...

Capítulo 3

"Empoderamiento del Humano con Útero: LÁGRIMAS DE SANGRE DE NEDA"

LÁGRIMAS DE SANGRE DE NEDA - EMPODERAMIENTO DE DEL HUMANO CON ÚTERO! ¡TU POSTURA DEBE SER FIRME!

— Escrito por Rhonda Gibson © 2009
Interpretado por Seifuala Adnorhijah Kaya (SahjKaya).

"NEDA, NEDA, NEDA, el sonido de tu
nombre,
Tan bello, tan dulce.
Tu voz es tan fuerte, clama a nosotros.
El empoderamiento de las mujeres, la
postura debe ser,

Aquí tenemos la Victoria.
¡Madres, recuperen nuestra dignidad!
Vivimos, morimos por la libertad, no por
hombres o hijos que no nos honran, ni a
mí ni a nosotros.
Las lágrimas brotan de mis ojos mientras
la gente se manifiesta.
Mi corazón sintió el dolor. Oh, mis
lágrimas se han convertido en sangre
que recorre mi rostro,
Lo vi por un breve momento. Fuera del
cuerpo, en YouTube
Observando la desgracia de la raza
humana, haciéndose daño unos a otros,
de la manera en que lo hacen
En presencia de la Creación, vi esta
desgracia humana a través de lágrimas
de sangre que corrían por mi rostro.
¡Ahora estoy libre, lo creas o no! Feliz
como un pájaro en un árbol, liberado
del dolor y del horror que has impuesto
a la vida.
Ahora sé que no hay muerte,
Usaste el miedo para mantenernos bajo
control,
Si afirmas que no causaste el dolor,

¿quién fue asesinado hoy mientras las balas
    aún vuelan libres?
Me miras a mi rostro ensangrentado y
    proclamas que te importa,
¿Cómo pudiste? Cuando TÚ FABRICAS
    estas armas, y permites que sean fabri-
    cadas. Y desvías la mirada, y miras
    para otro lado. ¡Y eso termina en mi
    corazón!
¿Qué excusas darás hoy,
cuando los hombres son asesinos de
    humanos.
Justifican matar en las calles.
Matarse unos a otros es la forma en que los
    hombres compiten.
Mientras tu bala surcaba el aire hacia mi
    corazón,
una imagen final,
¡Has destrozado mi tierra, viviendo una
    mentira! ¿Honrando a la Madre? La
    que nutre sería
Pero, matas, robas, y asesinas su capacidad
    para nutrir. ¡Destruyendo la tierra, los
    cielos, a los niños y todas las vidas
    humanas por la RELIGIOSIDAD!
Oh, Vergüenza, Burla, Hipocresía.

*Insistiendo arrogantemente en que todos se
    inclinen,*
*ante demandas insanas, mientras conti-
    núas fabricando armas asesinas, el
    poder que Él cree tener en sus manos
    (armas de su destrucción),*
*¡No más inclinarse ante la irresponsabi-
    lidad dominada por el hombre,*
ni ser víctimas de la misoginia.
*Han creado armas para destruir a toda la
    humanidad.*
*Mujeres, mientras se quedan de brazos
    cruzados, pensando que están vivas,*
que han llegado,
*sus hombres, sus hijos, sus maridos las están
    enterrando vivas. Sus hijos recogen
    armas y fabrican bombas para arrojar
    sobre otros hijos. Fuera de control.
    ¿Cómo explican esto?*
*Ustedes tienen el poder de demostrárselo en
    este momento.*
Sin la cooperación del humano con útero,
*No hay flujo. Él y todos los humanos que
    vienen a la tierra lo hacen a través del
    humano con útero, y para controlar su
    vida, él la hace su esposa. Saquen a los
    belicistas y asesinos de sus camas, salgan*

de su cocina, déjenlos alimentarse de sus
propias manos y dejen de coser sus
heridas para asesinar a otro hombre.
¡No más ayudar y acatar este aterrador
plan fabricado por el hombre, este
estado policial terrorista de los hombres.
Mujeres, ¿si es que deben? ¡Evacúen!
Deben asumir la posición, pues en sus
manos está el destino de los hijos de la
humanidad.
Párense "Mujer de todas las naciones,
hermanas, madres, hijas de Ma,
Es tu útero, tu sabiduría, tu corazón,
lo que coloca el poder en tus manos sobre la
maldad del hombre.
Madre de la Creación tiene un plan de
sanación.
No falta comida, solo hombres se inter-
ponen en el camino, manteniéndote a ti
y a tus hijos empobrecidos con los juegos
de guerra que juegan; sácalos de tu
camino.
No se preocupen por que los hombres se
lleven sus vidas,
Ya se las han arrebatado, convirtiéndolas
en un infierno viviente,
Una vez que las recuperen, les irá peor,

Luego, al estar muertos (en prisión o
> *cárcel),*
No solo han tomado la tuya,
han arrebatado la vida de aquellos que has
> *engendrado.*
Los convertí en material de cañón para sus
> *guerras.*
Tu vida es eterna.
Él no puede quitártela, no te la dio, solo la
> *aliviaría del sufrimiento de por vida*
> *que te ha infligido.*
¡No más armas asesinas! ¡Los humanos con
> *útero deben levantarse!*
Su cuerpo debe unirse; no teman a la
> *muerte.*
¡NO HAY!
¡Todos los humanos con útero en esta tierra
> *son el Sol de la Madre!*
Iluminen el mundo con su amor,
¡Detengan a este malvado y su arma!
De este ciclo de dolor
Debe detenerse ahora. Es inhumano; es una
> *locura.*
Se le dio el privilegio de honrar y proteger,
pero Él elige matar, abusar, descuidar y
> *buscar excusas por este desastre que ha*
> *hecho de la vida.*

Humanos con útero del mundo, unan sus
corazones, únanse como uno.
Estas armas que los hombres han
construido.
Matar a otros humanos es una
abominación.
Deben ser desmanteladas. Deben disolverse.
Ya no deben ser permitidas.
"Humanos con útero del mundo, escucha
esta voz,
¡NEDA, llamando en voz alta! ¡Párate en
la libertad! ¡Párate por el amor!
¡Párate por la vida y aparta el
SUDARIO.
Tú puedes. Debes hacer que la vida valga la
pena.
¿En quién más confiarán los niños?
Tú los trajiste aquí.
Madre, hermana, hija, hermano, debemos
hacer lo que debemos.
Unan sus corazones y manos con los
hombres que te aman, que te elevan a
tu lugar merecido, sanando a toda la
raza humana. En medio nuestro, en
nuestras manos, sólo tú. Madre,
hermana, hija y hermano que aman la
vida pueden liberar nuestras vidas una

vez que nos pongamos de pie. Háganlo
por los niños que han traído; háganlo
por la sanación, por el cumplimiento
del paraíso.
Cuando le quiten el poder de las manos de
este hombre malvado.
"Neda, Neda, el sonido de tu nombre,
"Tan bello, tan dulce."
Tu voz, tan fuerte, clama a nosotros
"Empoderamiento de las mujeres," la
postura debe ser,
Aquí tenemos la "Victoria."

Capítulo 4

Esta es la respuesta a la solicitud cuando se me pidió postularme para la Presidencia de los Estados Unidos de América, 1992:

"¡Saludos en el nombre del Altísimo!"

Como el AMOR de Jah va delante de mí, RASTAFARI, y como la verdad de Cristo está en mí, y como TODO L AW, toda disciplina me rodea, NADIE puede venir contra mí.

Dad gracias y alabad a Su Majestad Imperial, el Emperador Haile Selassie I, por las palabras que pronunció ante la Liga de Naciones en nombre de la paz...

HASTA QUE LA FILOSOFÍA que sostiene que una raza es superior y otra inferior sea finalmente y permanentemente desacreditada y abandonada, entonces, en todas partes habrá guerra; hasta que ya no exista ciudadano de primera y segunda clase en ninguna nación, habrá guerra; hasta que el color de la piel humana no sea más significativo que el color de sus ojos, en todas partes habrá guerra; hasta que los derechos humanos fundamentales estén garantizados para todos sin importar la raza, habrá guerra, pero hasta ese día el sueño de una paz duradera, la ciudadanía mundial y el gobierno basado en la moralidad internacional permanecerá. Aun así, una ilusión efímera a la cual perseguir y jamás alcanzar, ¡en todas partes hay guerra!!!

Debo añadir que algo se esconde: ¡la "GUERRA" se ha convertido en entretenimiento!

Nuestra constitución establece que nosotros, quienes hemos dado nuestro consentimiento para instituir esta forma de gobierno para asegurar nuestros derechos inalienables, y si alguna forma de gobierno llega a ser destructiva, es nuestro deber modificarla o abolirla y CREAR un nuevo gobierno.

Y donde, como hemos sido testigos de que este gobierno es la CORRUPCIÓN MASIVA personificada: Cuerpo LEGISLATIVO, cuerpo Ejecutivo, cuerpo Judicial, cuerpo corporativo, yo, a PETICIÓN de los ciudadanos de este planeta, tengo la intención de responder a su llamado postulándome para presidente. ¿Cuánta sangre debe derramarse hasta que todos nuestros y sus hijos estén muertos en la cárcel, engañados, luchando por la libertad con plomo para el plan de este hombre malvado, y sean nuestras familias las que terminen sin vida? Este gobierno vacía tu copa; lo ignoras, y te absorbe, y nuestros hijos mueren, lloran y se suicidan.

Nadie tiene que morir para que se encuentre una solución; esto es solo una ilusión para justificar que a tus hijos se les mande al matadero. Ellos solo deseaban ser educados, pero tuvieron que ser regulados y eliminados sistemáticamente, muriendo en el ejército, en la cárcel o por las drogas... ¡¿POR QUÉ?! Porque han OLVIDADO que les han dado su consentimiento para gobernar, y cito... Sostenemos que esta verdad es evidente por sí misma: que todas las personas son creadas iguales y están dotadas de ciertos derechos inalienables, entre los cuales se encuentran la vida, la libertad y la búsqueda de la felicidad. Que para asegurar estos derechos se establecen gobiernos entre la humanidad, derivando sus justos poderes del consentimiento de los gobernados, y que siempre que cualquier forma de gobierno se torne destructiva para estos fines, es derecho del pueblo modificarlos o abolirlos e instituir un NUEVO gobierno.

Entonces, ¿quién soy yo? Soy Seifuala Adnorhijah-Kaya. Me llaman Sahj. Soy una persona que ha pasado diez años de su vida en silla de ruedas. Fui falsamente diagnosticada con distrofia muscular y condenada a muerte o, peor aún, a una existencia improductiva. Sostengo que la responsabilidad de mi deteriorado estado físico recae en el descuido, abuso y mal uso impuesto por nuestros gobiernos de los poderes que les hemos otorgado. Es la perpetuación y permisividad de la contaminación de nuestro ambiente lo que ha causado, a lo largo de años y generaciones, el deterioro del cuerpo de la tierra y de los cuerpos de la humanidad. Esta contaminación también provocó la muerte de mi madre cuando tenía seis años y, en mi opinión, me ha negado el derecho a procrear descendencia sana y feliz. Por lo tanto, los derechos inalienables de mi vida, libertad y búsqueda de la felicidad, que esta forma de gobierno instituyó para mí o para ti, NO HAN SIDO ASEGURADOS.

DE HECHO, aunque tengo limitaciones físicas, no me considero DISCAPACITADA. Sin embargo, veo que esta nación ha sido dejada incapacitada por la MALA EDUCACIÓN, la DESINFORMACIÓN, la FALTA de EDUCACIÓN y la presencia de la IGNORANCIA, planificada e implementada estratégicamente por el gobierno al que APOYAMOS FINANCIERAMENTE con nuestras vidas y nuestro trabajo. En cuanto al Medio Ambiente, el ASUNTO del cáñamo es real, pertinente y URGENTE. Los Antiguos bendijeron nuestra tierra con esta planta para proporcionarnos un recurso energético que nos permitiera disponer de toda la tecnología sin contaminación ni polución. Su versatilidad es increíble. Toda la planta se utiliza en diversas áreas. El cáñamo se emplea para alimentos, papel, ropa, combustible, medicina, plásticos, para promover un ambiente saludable y más. El libro "The Emperor Wearing No Clothes" es el relato autorizado y registro histórico de la prohibición del cannabis/cáñamo y de su capacidad de recurso; en cuanto a la sanación, después de pasar diez años en silla de ruedas, me sometí a varias cirugías mayores y comencé a caminar con aparatos ortopédicos en las piernas. Una vez fui a la universidad, me casé con mi maravilloso esposo y obtuve mi título en educación y consejería. Durante un viaje a Atlanta para una convención de creyentes, fuimos arrollados por un camión de dieciocho ruedas que mató a mi esposo y me devolvió a la silla de ruedas. Escribí sobre la experiencia en mi libro "RELEASED". A TRAVÉS de todo esto, el cannabis me mantuvo alejada de un dolor debilitante, tanto físico como emocional. Usé cannabis por primera vez en mi adolescencia para aliviar el dolor de los nudos que alineaban mi médula espinal. Las probabilidades parecían insuperables, pero afortunadamente, no comprendo el concepto de rendirse.

Soy un ser humano que habita este planeta junto con otros seres: humanos, animales, árboles, tierra, aire y agua. Soy quien se preocupa por ellos. Soy un hombre útero que engendra la descendencia de los humanos en este planeta, así que represento al hombre útero que desea proteger el ser que lleva en su interior o que ha engendrado. Te represento a ti. Represento la etnia de la:

"La riqueza de la cultura; aunque seamos variados, el espíritu del amor debe ser uno."

Tengo limitaciones físicas, soy víctima de un asalto y del abuso del cuerpo de la tierra de la humanidad. Te represento en la comunión de tu sufrimiento, desfiguración, negación de acceso, deterioro y tormento físico y emocional. Te represento a ti. A los agricultores y ambientalistas—los represento, pues la tierra es mi cuerpo, el agua es mi sangre, y el aire es mi aliento, y todo lo que está roto en la tierra, el suelo, el agua y el aire, está roto en NOSOTROS, el reflejo de los cuerpos humanos tuyos y míos.

Para los humanos, hombres útero, madres de la humanidad, etnicidad, nuestro arcoíris de sociedad, los discapacitados hechos para ser habilitados, los agricultores y ambientalistas, quienes sostienen nuestra vida, si se unen y se ponen de pie conmigo, YO LO HARÉ.

Porque así como el AMOR de JAH va delante de NOSOTROS, porque la Verdad de Cristo está dentro de nosotros, porque la disciplina y obediencia de Allah nos rodea, ¡NADIE puede venir contra nosotros!

Firma tu nombre para ayudar a mi campaña si deseas que me postule y rompa el ciclo del dolor, postulándome a la presidencia en 2016. ¡Por un nuevo día en el que ya no estudiaremos la GUERRA, sino que CREAREMOS la PAZ!

Capítulo 5

¡Para Que Sepas!

Así es como el pueblo se ha convertido en esclavo y cómo los EE.UU. cometieron traición contra ellos (1930).

Algunas palabras para definir "hipotecado":

A través de una carta de hipoteca, un prestatario ofrece garantías para asegurar la deuda.

El ciudadano de EE.UU. (inquilino, franquiciado) fue registrado como beneficiario del fideicomiso a través de su certificado de nacimiento.

En 1933, los Estados Unidos federales "hipotecaron" todas las propiedades, activos y el trabajo, presentes y futuros, de sus "sujetos", los ciudadanos estadounidenses protegidos por la 14ª Enmienda, a la Reserva Federal. A cambio, el Sistema de la Reserva Federal acordó extender a la corporación federal de

**EE.UU. el sustituto crediticio "dinero" que necesi-
taba. Tuvieron que asignar garantías y colaterales a
los acreedores para el préstamo. EE.UU. no contaba
con activos; asignaron la propiedad privada de sus
esclavos económicos a los ciudadanos estadounidenses
como garantía contra la deuda federal impagable.**

La Plataforma: S.I.N. & Political Strings
Materiales sugeridos:

- RELEASED por Kaya Gibson (Libro)
- "Divine Intervention," CD de música reggae
  de sahjKaya
- "Thrilled to Life," CD de spoken word de
  sahjKaya.

sahjkaya@gmail.com

Para más información, busca en Google: Tratado de
Amistad y Relaciones Económicas

Entre Los Estados Unidos y Etiopía, establecido entre
dos partes contratantes principales, Congreso de los
Estados Unidos y la República Federal Democrática de
Etiopía.

Los Estados Unidos se "quebraron" en 1933 y así lo

declaró el Pres. Roosevelt mediante las órdenes ejecutivas 6073, 61.01, 6711 y 6260 el 9 de marzo de 1933.

La quiebra de los Estados Unidos es un hecho establecido; el gobierno federal de EE.UU. fue disuelto por el "Emergency Banking Act" el 9 de marzo de 1933. 48 Stat. 1. Ley Pública 89-7 19: declarado por el Pres. Roosevelt, al encontrarse en quiebra e insolvente.

El congresista James Traficant, dirigiéndose a la Cámara: "esclavos económicos." Robert T, Stafford Act: Estado de Emergencia, Ley de Ayuda en Desastres y Asistencia de Emergencia, Procedimientos Penales Ko. l-CP-2011 Crímenes de Guerra contra la Paz/la humanidad.

La acusación y condena de George Bush y Tony Blair.

U.N.I.D.O United Nations Industrial Development Organization

Los Estados Unidos se "quebraron" en 1933 y así lo declaró el Pres. Roosevelt mediante las órdenes ejecutivas 6073, 6102, 6111 y 6260 el 9 de marzo de 1933.

¿Por qué el congresista James Traficant, Jr. está en la cárcel? ¡Él nos advirtió!

La quiebra de los Estados Unidos. Registro del Congreso de Estados Unidos, 17 de marzo de 1993 (nota de fecha) Vol. 33, página H-1303

El Presidente es el Diputado James Traficant, Jr. (Ohio) dirigiéndose a la Cámara:

"Señor Presidente, ahora estamos en el capítulo 11... Los miembros del Congreso son fideicomisarios oficiales que presiden la mayor reorganización de cualquier entidad en quiebra en la historia mundial, el Gobierno de EE.UU. Estamos estableciendo, con suerte, un plan para nuestro futuro. Hay quienes dicen que se trata de un informe forense que conducirá a nuestra desaparición."

Es un hecho establecido que el Gobierno Federal de los Estados Unidos ha sido disuelto por la Ley Bancaria de Emergencia, 9 de marzo de 1933. 48 Stat. 1. Ley Pública 89-[7]19: declarada por el Presidente Roosevelt, al estar en bancarrota e insolvente, HJR 192,73ª sesión del Congreso, 5 de junio de 1933 - Resolución Conjunta para Suspender el Patrón Oro y Derogar la Cláusula del Oro disolvió la Autoridad Soberana de los Estados Unidos y las capacidades oficiales de todas las Oficinas, Funcionarios y Departamentos del Gobierno de los Estados Unidos, y es una evidencia adicional de que el Gobierno Federal de los Estados Unidos existe hoy en nombre solamente.

Los receptores de la bancarrota de los Estados Unidos son los banqueros internacionales a través de las Naciones Unidas, el Banco Mundial y el Fondo Monetario Internacional. Todas las Oficinas, Funcionarios y Departamentos de los Estados Unidos ahora operan en un estatus de facto, en nombre únicamente, bajo los Poderes de Guerra de Emergencia. Con la forma de Gobierno Republicano Constitucional ahora disuelta, los receptores de la bancarrota han adoptado una nueva forma de gobierno para los Estados Unidos. Esta nueva forma de gobierno se conoce como Democracia, siendo un orden socialista/comunista establecido bajo un nuevo gobernador para América. Este acto fue instituido y establecido mediante la transferencia y el traslado de la Oficina del Secretario del Tesoro a la del Gobernador del Fondo Monetario Internacional. La Ley Pública 94-564, página 8, Sección H.R. 13955 dice en parte: "¿El Secretario del Tesoro de los EE. UU. no recibe compensación por representar a los Estados Unidos?"

Su deseo es por el poder y el control. Desde la creación de la banca central, han controlado los destinos de las naciones... El Sistema de la Reserva Federal es una estructura de poder soberana, separada y distinta del gobierno federal de los Estados Unidos.

De hecho, los banqueros internacionales usaron un "Fideicomiso de Derecho Canónico" como modelo, añadiendo acciones y denominándolo un "Fideicomiso de Acciones Conjuntas". El Congreso de los EE. UU. había aprobado una ley que hacía ilegal que cualquier "persona" legal duplicase un "Fideicomiso de Acciones Conjuntas" en 1873. La Ley de la Reserva Federal fue legislada post facto (a 1870), aunque las leyes post facto están estrictamente prohibidas por la Constitución. [1:9:3]

El Sistema de la Reserva Federal es una estructura de poder soberana, separada y distinta del gobierno federal de los Estados Unidos. La Reserva Federal es un prestamista marítimo y asegurador marítimo para los Estados Unidos federales, operando exclusivamente bajo la ley de Almirantazgo/Marítima. El prestamista o asegurador asume los riesgos, y la ley marítima que obliga al cumplimiento específico en el pago de intereses o primas es la misma.

Los activos del deudor también pueden ser hipotecados (para empeñar algo como garantía sin tomar posesión del mismo) como garantía por parte del prestamista o asegurador. La Ley de la Reserva Federal estipuló que los intereses de la deuda debían pagarse en oro. No hubo estipulación en la Ley de la Reserva Federal que estableciera el pago del principal de forma permanente.

Antes de 1913, la mayoría de los estadounidenses poseían títulos claros de propiedad, libres de cualquier gravamen o hipoteca, hasta que la Ley de la Reserva Federal (1913) "hipotecó" todas las propiedades dentro de los Estados Unidos federales al Consejo de Gobernadores de la Reserva Federal, en el cual los fideicomisarios (accionistas) tenían el título legal. El ciudadano estadounidense (inquilino, franquiciado) quedaba registrado como "beneficiario" del fideicomiso a través de su acta de nacimiento. En 1933, los Estados Unidos federales hipotecaron todas las propiedades, activos y la mano de obra de sus "sujetos", el ciudadano estadounidense en virtud de la 14[a] Enmienda, al Sistema de la Reserva Federal.

A cambio, el Sistema de la Reserva Federal acordó extender a la Corporación de los Estados Unidos federales todo el "sustituto monetario" de crédito que necesitaba. Como cualquier otro deudor, el gobierno federal de los

Estados Unidos tuvo que asignar garantías y seguridades a sus acreedores como condición del préstamo. Dado que los Estados Unidos federales no poseían activos, asignaron la propiedad privada de sus "esclavos económicos", los ciudadanos estadounidenses, como garantía contra la deuda federal impagable. También empeñaron los territorios federales no incorporados, parques nacionales, bosques, actas de nacimiento y organizaciones sin fines de lucro como garantía contra la deuda federal. Todo esto ya ha sido transferido como pago a los banqueros internacionales.

El gobierno federal de los Estados Unidos y el Congreso de los EE. UU. no fueron ni han sido autorizados por la Constitución para emitir moneda de ningún tipo, sino únicamente dinero legal: monedas de oro y plata.

Es esencial que comprendamos la distinción entre el dinero real y los sustitutos de papel. No se puede enriquecer acumulando sustitutos del dinero; solo se puede profundizar en la deuda. Nosotros, el Pueblo, ya no poseemos "dinero". La mayoría de los estadounidenses no han recibido ningún [11] "dinero" durante mucho tiempo, quizás jamás en sus vidas. ¿Ahora comprendes por qué te sientes en quiebra? ¿Ahora entiendes por qué estás "en bancarrota", junto con el resto del país?

Los Billetes de la Reserva Federal (BRF) son cheques sin firma emitidos en una cuenta cerrada. Los BRF son un sistema inflable de papel diseñado para crear deuda a través de la inflación (devaluación de la moneda). Siempre que hay un aumento en la oferta de un sustituto dinero en la economía sin un aumento correspondiente en el respaldo de oro y plata, se produce inflación.

La inflación es una forma invisible de tributación que los gobiernos irresponsables imponen a sus ciudadanos. El Banco de la Reserva Federal, que controla la oferta y el movimiento de los BRF, ha engañado a todos. Tienen acceso a una oferta ilimitada de BRF, pagando únicamente los costos de impresión de lo que necesitan. Los BRF no son más que pagarés para valores del Tesoro de los EE. UU. (T-Bills): una promesa de pagar la deuda al Banco de la Reserva Federal.

Existe una diferencia fundamental entre "pagar" y "cancelar" una deuda. Para pagar una deuda, se debe realizar un pago con valor o sustancia (es decir, oro, plata, trueque o una mercancía). Con los BRF, solo se puede cancelar una deuda. No se puede pagar una deuda utilizando un sistema de moneda basado en la deuda. No se puede amortizar una deuda con una moneda que no tiene respaldo en valor o sustancia. Ningún contrato en el derecho consuetudinario es válido a menos que implique un intercambio de "buena y valiosa consideración". La deuda impagable transfiere poder y control a la estructura de poder soberana que no tiene interés en el dinero, la ley, la equidad o la justicia, ya que ya poseen tanta riqueza.

Su deseo es por el poder y el control. Desde la creación de la banca central, han controlado los destinos de las naciones.

El Sistema de la Reserva Federal se basa en la ley canónica y en los principios de soberanía protegidos en la Constitución y en la Declaración de Derechos.

El oro y la plata fueron monedas tan poderosas durante la fundación de los Estados Unidos de América que los padres fundadores declararon que únicamente las monedas de oro o plata podían ser "dinero" en América. Dado que la acuñación de monedas de oro y plata era pesada e incómoda para muchas transacciones, estas se almacenaban en bancos, y se emitía un cheque de reclamación como sustituto del dinero. La gente intercambiaba sus cupones como dinero, o "moneda". La moneda no es dinero, sino un sustituto del dinero. La moneda redimible debe prometer pagar un equivalente de un dólar en oro o plata. Los Billetes de la Reserva Federal (BRF) no hacen tales promesas y no son "dinero". Un Billete de la Reserva Federal es una obligación de deuda del gobierno federal de los Estados Unidos, ¿no es "dinero"?

Inconscientemente, América ha vuelto a sus raíces feudales pre-Revolución Americana, en las que toda la tierra era poseída por un soberano y el pueblo común no tenía derechos para poseer el título completo de la propiedad. Una vez más, nosotros, el Pueblo, somos los inquilinos y aparceros que alquilan nuestra propiedad de un

Soberano disfrazado del Banco de la Reserva Federal. Nosotros, el pueblo, hemos cambiado un amo por otro.

Esto ha estado ocurriendo durante más de ochenta años sin el "conocimiento informado" del pueblo estadounidense, sin una voz lo suficientemente fuerte que proteste. Ahora, es fácil entender por qué América está fundamentalmente en bancarrota. ¿Por qué no son más las personas que poseen sus propiedades por completo? ¿Por qué el 90% de los estadounidenses está hipotecado hasta el límite y tiene pocos o ningún activo después de pagar todas las deudas y pasivos? ¿Por qué parece que trabajas cada vez más y recibes cada vez menos?

Estamos cosechando lo que se ha sembrado, y el resultado de nuestra cosecha es una dolorosa bancarrota y una ejecución hipotecaria de la propiedad estadounidense, de las libertades preciosas y de una forma de vida. Pocos de nuestros representantes electos en Washington, D.C., se han atrevido a decir la verdad. Los Estados Unidos federales están en bancarrota. Nuestros hijos heredarán esta deuda impagable y la tiranía para forzarlos a pagarla. ¡América se ha quedado completamente en bancarrota en liderazgo mundial, crédito financiero y en su reputación de coraje, visión y derechos humanos. ¡Esta es una guerra económica no declarada, una bancarrota y una esclavitud económica del orden más corrupto! ¡Despierta, América! ¡Recupera tu País!

Nota del editor:

En 2002, Traficant fue acusado en cargos federales de corrupción por usar fondos de campaña para fines personales. Nuevamente, optó por representarse a sí mismo, insistiendo en que el juicio formaba parte de una vendetta contra él que se remontaba a su juicio en 1983. El 15 de abril, fue condenado por 10 cargos graves, incluyendo soborno, extorsión y evasión fiscal. Para lograr una condena, la fiscalía le negó testigos, hizo tratos con hombres que cometieron delitos más graves para obtener su testimonio y, como ahora admite un testigo, incitó a extraer testimonios falsos de sus testigos.

En marzo de 2004, la Oficina Federal de Prisiones trasladó a Traficant a la Institución Correccional Federal, Ray Brook. A partir de julio de 2007, la Oficina Federal de Prisiones ubicaba a Traficant en el Centro Médico Federal,

Rochester, y en una instalación administrativa que brindaba servicios especializados de salud mental. Traficant ha comenzado a dedicarse al arte mientras está en prisión. Los lectores pueden escribir a Jim a:

James A. Traficant, Jr. #31213-060, Federal Medical Center PMB 4000, Rochester, MN 55903

Un amigo me comentó el verano pasado que yo no era dueño de mi casa: añadió que si tuviera una escritura de "Allodia", podría estar mejor. Después de buscar en la web, que contiene mucha información sobre escrituras de Allodia, etc., descubrí este artículo en la edición del 17 de marzo de 2008 de The Free Press, ubicado en PO Box 293339, Kerrville, TX 78029.

La Bancarrota de los Estados Unidos

17 de marzo de 1993 ... Es un hecho establecido que el Gobierno Federal de los Estados Unidos ha sido disuelto.... A cambio, el Sistema de Reserva Federal acordó extender a la corporación federal de los Estados Unidos todo el crédito "sustituto de dinero" que necesitaba

La Bancarrota de los Estados Unidos

Registro del Congreso de los Estados Unidos, 17 de marzo de 1993 Vol. 33, página H-1303

Documento Sin Título:

1815 president

James Madison proposed a second privately owned owned Bank of the United States which was chartered in 1816 and opened in 1817.

In 1836 overriding Congress, Jackson closed the Bank of the United States commenting:

"The bold effort the present bank had made to control the government are but premonitions of the fate that await the

American people should they be deluded into a perpetuation of this institution or the establishment of another like it."

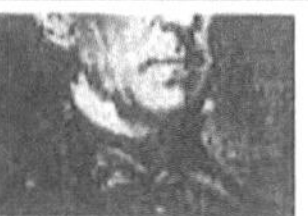

In 1846 The Independent Treasury Act is approved.

Following Lincoln's threat of invasion if States refused to pay the 52% Morrill tax, ten southern States lawfully secede from the Union between December 1860 and February 1851:

"The power confided to me will be used to hold, occupy, and possess the property and places belonging to the Government and to collect the duties and Imposts; but beyond what may be necessary for these objects, there will be no Invasion, no using of force against or among the people anywhere." Abraham Lincoln in his Inaugural Address Monday, March 4, 1861

Against the advice of his generals and congress, Lincoln initiated the so-called "Civil War" In April of 1861, one month after Abraham Lincoln was inaugurated. In his inaugural speech Lincoln promised to do nothing about slavery: "I have no purpose, directly or indirectly, to Interfere with the institution of slavery in the

States where It exists. I believe I have no lawful right to do so, and I have no inclination to do so." It was only when Lincoln was losing the war that he issued the emancipation proclamation where he proclaimed that slaves in the Nations of the Confederate States were free.

To pay for the 'civil war, on the 5th of August 1861, Congress passes the first National Income tax and by the 21st of that month the first paper currency was issued.

Lincoln said, "The money powers prey upon the nation in times of peace and conspire against it in times of adversity. The banking powers are more despotic than a monarchy, more insolent than autocracy, more selfish than bureaucracy. They denounce as public enemies all who question their methods are throw light upon their crimes. I have two great enemies, the Southern Army in front of me and the bankers in the rear. Of the two, the one at my rear is my greatest foe. Corporations have been enthroned, and an era of corruption in high places will follow. The money power of the country will endeavor to prolong its reign.by working upon the prejudices of the people until the wealth is aggregated in the hands of a few, and the Republic is destroyed."

In February 1863, Congress established another National Banking system. The bankers were intending to charge between 24% and 36% interest rates for money to finance the war. To avoid the Interest, Lincoln ordered the printing of $450 million in bank notes guaranteed by the U.S. government.

MI DEBER

Tenemos ciertos derechos INALIENABLES, que son inalienables, otorgados por el Creador, en efecto 30 derechos humanos. Humanriqhts.com afirma que, si cualquier forma de gobierno se vuelve DESTRUCTIVA, esos derechos no están asegurados ni protegidos. Tal como establece la Constitución, es nuestro derecho y, de hecho, nuestro DEBER alterarla o ABOLIRLA y crear un nuevo gobierno que provea para los seres humanos, puesto que estos existen para servir en la protección y seguridad de todas las personas y culturas. El diseño y la estrategia de los gobiernos no solo de los Estados Unidos, sino del mundo entero. A medida que avanzamos y tratamos de adaptarnos al siglo XXI, hemos hecho cosas peores de lo que las palabras pueden describir; toda nuestra existencia lo evidencia en toda la sangre derramada, y esa cifra sigue creciendo. Matanza. Algunos parecen creer que, al continuar haciendo las cosas de la misma manera, de algún modo se obtendrán resultados distintos; todos sabemos y concordamos en que esto NO es cierto, y lo consideramos un pensamiento insensato. Correcto... Sin embargo. Aunque los seres humanos hayan dado su CONSENTI-MIENTO para ser gobernados, la Constitución les confiere el derecho a crear un nuevo gobierno. Sí. Pero no irrumpiendo en edificios, matando, robando y destruyendo con juguetes mortales hechos por el hombre llamados armas y gas venenoso. Sino a través de una transición de gobierno representada por seres humanos compasivos de diversas culturas bellas y únicas. Se trata de unirse por la IGUALDAD DE DERECHOS HUMANOS a nivel global. Este es un Nuevo Mundo en el que todos podemos vivir, literalmente. Este cambio llega educando a los humanos sobre cuáles son sus derechos (humanrights.com) y uniéndose a The Humane Race Party, unifiedexchange.org. Es igualitario. Igual. Punto. No es demócrata; no es republicano; no es negro; no es blanco; no es gay; no es heterosexual. No es masculino; no es femenino. Es EL PARTIDO DE LA RAZA HUMANA. Es un nuevo día, un nuevo tiempo; es hora de nuevas formas de gobernar a los seres humanos en el ámbito de la humanidad. Hemos permitido que conceptos creados por el hombre, religiones, mala educación y desinformación generen, literalmente, confusión y conflicto en todo el mundo, colocando a todos en las garras de un engañoso y esclavizante yugo mental, emocional y religioso. Existe un plan mejor para nuestro nuevo mundo: dejar de alimentar la enfermedad competitiva y la crisis de identidad humana.

Únete hoy. Unifiedexchange.org
La verdad sobre la crisis de identidad humana

Capítulo 6

Asalto a los Humanos

ACUSADOS, USTEDES, ASESINAN A SUS POBRES. ¿PROTEGE LA POLICÍA O LES HACE SUDAR, SENTIR AMENAZA, INTIMIDACIÓN Y AFLICCIÓN? ¿POR QUÉ, ENTONCES, LES ASESINARON Y USTEDES SIGUEN PAGANDO? REVISION, ABUSO, ASESINATO, FALTA DE RESPETO, Y CREEN EN LA MITAD DE LO QUE VEN Y NADA DE LO QUE OYEN. MEDIOS, QUE LOS MUESTRAN EN LAS NOTICIAS DE LA TELEVISIÓN, PARECE QUE TODO LO QUE TIENEN ES CONDENA, NO ES VERDAD, NO ES VERDAD, solo si eligen continuar haciendo y permitiendo el mal que se les hace...

EL AMOR MOVERÁ MONTAÑAS, Y LA VERDAD ES LA FUENTE QUE ELIMINARÁ LA

GUERRA Y LA MUERTE DE NUESTRA PUERTA & I+S+US CRISTO, AL VENIR, I+S+US SE CONSUMARÁ EN LA TIERRA, POR EL ESPÍRITU DE CRISTO EN NUESTRAS MENTES, SIN CONFUNDIR DOCTRINAS QUE DIVIDEN. ES EL CUERPO DE I+S+US, LAS MANOS QUE NOS JUSTICIAN; I+S+US ROMPE EL CICLO DEL DOLOR, PERMITE QUE LA LUZ ENTRE EN TU VIDA, Y ENTONCES VERÁS QUE LA EXPOSICIÓN A LA LUZ DE LA VERDAD TE HARÁ LIBRE, VÍCTIMAS DE LA GUERRA, ¿QUIEREN ESCUCHAR UN POCO MÁS? LA VERDAD ES UNA VÍCTIMA DE LA GUERRA. ¿ALGUIEN ESTÁ TENIENDO CUENTA, CONTANDO LAS MENTIRAS DE LA BESTIA, LOS PRINCIPIOS Sórdidos DE LA OSCURIDAD QUE CUBREN MENTIRAS OBVIAS, LANZANDO MISILES DE DESTRUCCIÓN? LOS NIÑOS DE LA HUMANIDAD MUEREN, LA VERDAD ES UNA VÍCTIMA, BURLEADA BAJO CIELOS ILUMINADOS POR BOMBAS; SI ESCUCHAS, OIRÁS LOS GRITOS DE AMOR CUANDO LO APLICAS AL MENOS DE ESTOS, LO HACEN CONMIGO, TODO POR LA LUXURIA, EL EGO, LA VANIDAD, EL TOTAL DESPREOCUPARSE DEL ÁRBOL DEL QUE RESPIRAS. LA GUERRA ES EL ENEMIGO. CONSIDERAS A LA VERDAD COMO

UNA VÍCTIMA, CUANDO ÚNICAMENTE PUEDE LIBERARTE.

¿CUÁNTA SANGRE DEBE DERRAMARSE HASTA QUE TODOS LOS HUMANOS SE ENCUENTREN TORTURADOS, MUERTOS EN CÁRCEL, ENGAÑADOS, LUCHAR LA LIBERTAD CON PLOMO? Es más, los hijos de alguien mueren, Congreso; ¿CUÁNTOS DE LOS SUYOS OFRECIERON? El gobierno vacía su copa, la ignoras y te absorbe; los niños lloran, mueren más. ¿LOS OYES, ESPERANDO VOLVER A CASA? ESCUCHA, ¿PUEDES OÍR O TE IMPORTA? Nadie necesita morir PARA LLEGAR A UNA SOLUCIÓN. ESTO ES SÓLO UNA ILUSIÓN PARA JUSTIFICAR A SUS HIJOS ENVIADOS A UNA MASACRE PARA MORIR. Sólo querían ser educados, pero en realidad han sido regulados, SISTEMÁTICAMENTE DISPUESTOS A MORIR EN LAS FUERZAS ARMADAS, EN CÁRCEL O POR DROGAS. ¿POR QUÉ, POR QUÉ, POR QUÉ OLVIDASTE QUE LES HABÍAS DADO EL CONTROL DE TU VIDA, Campo de batalla ensangrentado, mezclado con aceite. ¿Cómo te atreves a permitir que se vayan a morir por una burla? Sabes: la burla a un hombre manda a un hombre sin útero — ¡yo, Hombre del Útero! ¿Cómo puedes hacer que surja algo, para luego arrebatarle la vida a fin de

vivir, entregándolo a una zarza ardiente o a la abominación de los ángeles de la muerte para los humanos? El ángel de la muerte de la tierra, los mares y los cielos llora el ángel de la muerte para la humanidad, el padre de las mentiras, disparando en los cielos; el ángel de la muerte, una voz en la zarza ardiente mentirosa, habla con lengua bifurcada de muerte y destrucción, hipócritas, y el necio ha dicho en su corazón que no hay dios sino él, Concepto hecho por el hombre de dios y de las religiones: Propósito: controlar y dominar a los seres humanos.

Nací para encontrar las respuestas a la cura para la humanidad. ¿Por qué el dolor y el sufrimiento? Desde el principio, la desinformación, la mala educación, la campaña, la cría de animales – educación armada – y la doctrina del descubrimiento. El miembro de la Junta General de Educación, Frederick T. Gates, dijo: "En nuestro sueño, disponemos de recursos ilimitados y la gente se entrega con perfecta docilidad a nuestra mano moldeadora. No buscaremos grandes artistas embrionarios, pintores, músicos, abogados, médicos, predicadores, políticos ni estadistas, de los cuales tenemos un amplio suministro; la tarea que nos hemos propuesto es muy simple y, al mismo tiempo, muy hermosa: entrenar a estas personas tal como las encontramos para que tengan una vida perfectamente ideal justo donde están."

La decepción comenzó desde el inicio: su relato como

hombre se separó de los humanos para gobernar y dominarlos, controlando sus mentes a través de la mala educación, el engaño y el lavado de cerebro.

Fue enviado para revelar la fuente del engaño y su impacto en la guerra contra la humanidad, a través de la única arma efectiva que el hombre ideó en su mente egocéntrica.

> "Y Dios vio que la maldad del hombre era grande en la tierra y que toda imaginación de los pensamientos de su corazón era, continuamente, sólo mal; y se arrepintió el Señor de haber hecho al hombre en la tierra, y le entristeció en su corazón, Números 23:19: Dios no es hombre, para que mienta;"

> — Génesis 5, 6

Incluso un hombre que se había separado de los humanos inició su gran engaño y empezó a utilizar el arma que agotaría el poder del ser humano al dividirlo contra sí mismo. Esa arma es la de dividir y conquistar.

Los humanos fueron creados como humanos; un ser humano fue creado con un (como se dice) útero, y otro fue creado sin útero. El útero fue concebido como un lugar para reproducir o fabricar un "traje" biológico humano que fuera compatible con el ambiente en el que necesitaría funcionar y prosperar; creó el huésped que el ser del espíritu energético utilizaría para disfrutar y explorar lo que se llama la vida, esa energía divina, inteligente y eterna.

Así, el ser humano sin útero, amenazado por el humano con útero y su capacidad de reproducir más humanos, decidió que era necesario crear división, haciéndose a sí mismo un dios y otorgándose poder sobre el humano con útero para controlarlo y todo lo que éste reprodujera. Al asignarle etiquetas, títulos, categorías y una jerarquía en la que el dios que él mismo creó tenía toda la autoridad, instauró religiones para sostener su plan diabólico.

La mayoría de las personas, hasta el día de hoy, a causa de este engaño, condicionamiento y manipulación, no tienen idea de quiénes son. No logran encontrar su verdadero yo porque la base de conocimiento que poseen se fundamenta en mentiras. Están espiritualmente enfermos o se sienten incómodos debido a la confusión que experimentan por no conocer el equilibrio energético entre lo femenino y lo masculino. Definir a los humanos por su género establece una competencia de valores, fortalezas y debilidades basada en el género, como parte y comienzo de la herramienta divisoria que reduce la autoridad o el poder de un ser. Todos quieren saber quiénes son, pero no pueden acceder correctamente a su verdadera identidad o cuentan con información incorrecta para determinarlo.

Los seres humanos SON BUENOS/AMOR, siendo una energía eterna dentro de seres biológicos anatómicos humanos en una variedad de culturas únicas y hermosas. Ser adoctrinados como hombre o mujer ha creado una enfermedad espiritual, un desequilibrio y una crisis de identidad. Cuando llegues a conocer tu verdadero yo y todas las opciones que te han sido arrebatadas mediante el engaño, los humanos podrán sanarse de esta enfermedad espiritual y resolver la crisis de identidad. Esto provoca que filtren todas sus fuentes de vida y energía a través de un cristal oscuro basado en el género y otras modalidades. En lugar de saber y reconocer que todas las características que hacen a un ser humano no dependen del género –como el amor, la integridad, la honestidad, la generosidad, la disciplina, la creatividad, la moralidad, etc.– la energía, inteligente y omnipotente, de la cual fuimos manifestados, como el Amor/La Bondad, no se crea ni se destruye, es atemporal y es totalmente buena; salvo aquello que el hombre aparta de lo bueno para crear un ídolo o deidad ociosa de la lujuria, alimentando su ego de poder y dominación en el mundo, manteniendo a los humanos divididos entre sí en ignorancia de la voluntad de su engaño. Existe energía BUENA, si no, no hay; no existe energía buena, no hay truco, sólo la energía que vibra en el ser humano que se da cuenta de ella y decide, por elección, usarla para el bien/amor, para sí mismo y para los demás, o para el mal, en perjuicio de sí y de los otros...

Conocer su verdadero ser y no "creer" las mentiras que se les cuentan acerca de sí mismos. Comprender el equilibrio de quiénes son y las opciones que tienen para sus vidas.

La vida comienza cuando la energía vital ingresa al traje reproducido, y el aliento lleva el espíritu en su interior.

Sepan que no existe dios ni diablo; estos son conceptos artificiales para mantenerlos cautivos.

No hay nada como la muerte; se trata de un concepto creado por el hombre.

Que fuiste originalmente enviado o viniste aquí para el disfrute.

Que tienes el derecho de elegir vivir aquí, así como la opción de no hacerlo, sin condena.

Capítulo 7

Una visión para el futuro de la humanidad

Plan de 7 puntos para acabar con la pobreza en los Estados Unidos

Como el país más rico del mundo, con alta productividad per cápita y una nación que produce una abundancia de capital, crédito, tecnología y alimentos, podemos acabar con la pobreza. Sin embargo, según la Oficina del Censo, la pobreza y el hambre en niños y adultos están aumentando en lugar de disminuir: 34,6 millones de estadounidenses viven en pobreza extrema, el 12,1% de la población de EE. UU. Muchos millones de estadounidenses viven en lo que el Departamento de Trabajo denomina "casi pobreza". Debemos hacer de la erradicación de la pobreza una prioridad e incorporar ese objetivo en una red de políticas:

- Tributación verdaderamente progresiva

- El fin de los enormes subsidios corporativos y del derroche del presupuesto militar
- Creación de empleos
- Igualdad salarial para las mujeres
- Cuidado infantil
- Salarios dignos para todos los trabajadores
- Restaurar la red de seguridad social crítica.

Ampliar los derechos de los trabajadores mediante el desarrollo de una Declaración de Derechos del Empleado

Los derechos de los trabajadores han estado en declive. Es hora de revertir esa tendencia y empezar a otorgar a los trabajadores, la columna vertebral de la economía estadounidense, los derechos que se merecen. Los trabajadores necesitan un salario digno, no un salario mínimo, acceso a la atención médica y que no se realicen reducciones unilaterales en los beneficios médicos y pensiones para los empleados actuales y jubilados. Los empleadores no deberían poder eludir estos beneficios contratando "trabajadores temporales" o "contratistas independientes".

La privacidad de los empleados debe ser protegida de manera enérgica. La notoria Ley Taft-Hartley, que dificulta enormemente que los empleados se organicen en sindicatos, debe ser derogada. Esto ha resultado en que menos del 10% de la fuerza laboral privada esté sindicalizada, el porcentaje más bajo en 60 años y el más bajo en el mundo occidental. Los trabajadores no sindicalizados necesitan derechos mejorados frente a Walmart.

Hacia la justicia del consumidor

La aplicación de las leyes de protección al consumidor, especialmente contra los terribles abusos en las comunidades de bajos ingresos, debe recibir el liderazgo y los recursos necesarios. Ni el partido que controla nuestra ciudad ni el gobierno nacional se han preocupado por tales prácticas depredadoras.

A los pobres se les cobra más y son prescindibles para ellos. Cientos de miles de millones de dólares anuales son sustraídos a los consumidores debido a fraudes en la facturación computarizada, cargos inconcebibles en los servicios de crédito y financieros, abusos en la fijación de precios, mercancía de mala calidad, reparaciones fraudulentas, tratamientos médicos falsos, negligencia médica, estafas inmobiliarias, robos de identidad y otros delitos fraudulentos que se reportan regularmente y se descuidan.

Se necesita más, no menos, derechos de acción civil para demandar en los tribunales, tanto en lo económico como en lo legal.

http://citizensforgibson.com/issues.htm 8/10/2004

Quejas e indemnizaciones por lesiones injustas bajo un sistema de responsabilidad civil preservado y ampliado, que internaliza los costos de la mala conducta y aumenta la disuasión. Los estándares de seguridad, desde los vehículos motorizados hasta los productos farmacéuticos y los artículos para el hogar, necesitan ser seriamente mejorados para salvar vidas, reducir lesiones y prevenir enfermedades.

Impuesto justo donde los más ricos y las corporaciones paguen lo que les corresponde

La complejidad y las distorsiones del código fiscal producen distribuciones de incidencia débil y cargas sobre nóminas que favorecen a los ricos y a las corporaciones, además de estar agravadas por paraísos fiscales, una aplicación insuficiente y otras evasiones.

Las contribuciones fiscales corporativas, como porcentaje del total de ingresos federales, han disminuido durante cincuenta años y ahora se sitúan en 7.4X a pesar de las enormes ganancias récord. Una reevaluación fundamental de las leyes fiscales debería comenzar con el principio de que los impuestos deben aplicarse primero a los comportamientos y condiciones que menos favorecemos y que afectan en menor medida lo esencial, tales como las industrias claramente adictivas (alcohol y tabaco), la contaminación, la especulación, el juego, los lujos extremos, gravar el trabajo o, en lugar del impuesto sobre ventas del 5% al 7%, alimentos, muebles, ropa o libros.

Pequeños impuestos (una fracción del porcentaje convencional de ventas al por menor) sobre transacciones de acciones, bonos y derivados pueden generar decenas de miles de millones de dólares al año y desplazar algunos de los impuestos sobre el trabajo y los productos esenciales para el consumidor.

Salud reproductiva

Períodos de espera, requisitos de consentimiento informado, prohibiciones de fondos públicos, restricciones en los seguros, regulaciones innecesarias para las clínicas: estas leyes no están diseñadas para proteger a las mujeres. Al contrario, están pensadas para disuadir a las mujeres de elegir el aborto y para hacer que sea más difícil y oneroso acceder a él para quienes lo optan.

Parte Dos

Ante la cara de la tiranía: ¡Unirse para el levantamiento comunitario! Conmemorando el aniversario de la marcha de un millón de mujeres en el Día Internacional de las Mujeres de útero!

\# BEBOLDFORCHANGE!

Un nuevo plan, una reforma corporativa.

¡REVOLUCIÓN HUMANA!

Sacerdotisa/Ministra, Templos y Santuarios de Vida, Autora, Artista, Activista

Ubicación: (TBC)

¡CELEBRACIÓN DEL DÍA DE LA MADRE!

¡LEVANTAMIENTO DE LA WOMBMAN!

¿Quién es ELLA? ¿Quién eres TÚ?

Construyendo para la Celebración del Sábado de la Mujeres de útero

1. Recepción de Serenata: Prepárate para ser consentido
2. Canción, poesía, humor, asuntos: una conversación
3. Encarcelación masiva. Esclavitud del siglo XXI. Abominación Humana, ¿Qué hacer?
4. Guerras y rumores de guerra y cómo detenerlos.
5. Unión Matrimonial: La Verdad y La Mentira
6. Cantar Down Babylon PAHELLENIC Step Show
7. Instituciones de supremacía blanca?! ¡Sí, lo dije! ¿Comedia, o es?
8. ¡¿ARMAS DE DESTRUCCIÓN MASIVA?! ¡ARMAS Y BOMBAS!

Detén el reloj. Reinicia la humanidad.

¡El plan para la Mujeres de útero del mundo, la Ungida, la Elegida para la Salvación de la Humanidad!

1. Base de poder económico y ético. ¡Una nación preparada!
2. Tonterías autoinfligidas. RELIGIÓN. POLÍTICA. ¿INALIENABLE? ¿Verdad?

3. La Abominación: ¿De quién son estos niños?
   Abuso infantil y abandono

1. Reconocimientos de las Madres

BANDA AZUL: Madres cuyo hijo ha sido asesinado o mutilado por la policía, BANDA ROJA: Madres cuyo hijo fue asesinado o mutilado en la guerra alrededor del mundo, pues toda sangre es roja.

BANDA AMARILLA: Madre, hijo asesinado o mutilado por la guerra química, enfermedades, vacunas, negligencia médica

BANDA NEGRA: Seres queridos desaparecidos.

INVITADO V.I.P. TBA

"Un llamado a las sororidades y fraternidades" Educación en derechos humanos

unifiedexchange.orgsahjkaya@gmail.com
816-616-8497

PARA: THE DIVINE 9

COMO THE DIVINE NINE, NOS HEMOS CONVERTIDO EN PARTE DE UN CUERPO, INCLUSO EN UN TREN DE ZION DE OPORTUNIDAD, PARA EL CAMINO HACIA LA VERDADERA LIBERTAD Y FELICIDAD DE LA HUMANIDAD QUE REPRESENTAMOS. SOMOS PARTE DE UN CUERPO CUYA MISIÓN ES SERVIR, ELEVAR Y EMPODERAR A ELLOS, A NOSOTROS, A TRAVÉS DE LA EDUCACIÓN. LA EDUCACIÓN BÁSICA Y MÁS FUNDAMENTAL, POR NO MENCIONAR LA ESENCIAL, ES QUE UNO DEBE CONOCER SUS DERECHOS HUMANOS PARA PODER DEFENDERLOS, PROTEGERLOS Y GARANTIZAR SU SEGURIDAD.

AQUÍ RADICA NUESTRA OPORTUNIDAD DE SERVIR DE MANERA MASIVA, EN LA MÁXIMA CAPACIDAD, CON LA HERRAMIENTA MÁS IMPORTANTE PARA LA HUMANIDAD EN NUESTRO TIEMPO. NO HAY UN MOMENTO MÁS IMPORTANTE QUE AHORA, NI UN TEMA NI PROYECTO MÁS RELEVANTE, PORQUE EN ESTE TIEMPO, CADA MOVIMIENTO SE REALIZA PARA ARREBATAR TODOS LOS DERECHOS HUMANOS A LA GENTE. LAS PERSONAS NO SON CONSCIENTES DEBIDO

A QUE CARECEN DEL CONOCIMIENTO DE ESTOS 30 DERECHOS HUMANOS UNIVERSALES. LOS HUMANOS SE CONVIERTEN EN ESCLAVOS, SÚBDITOS Y VÍCTIMAS DE ABUSOS A CAUSA DE LA FALTA DE CONOCIMIENTO DE ESTOS DERECHOS, LOS CUALES ESTÁN A SU ALCANCE.

POR LO TANTO, LO MÁS IMPORTANTE EN ESTE CAMBIO QUE ESTÁ EXPERIMENTANDO NUESTRO MUNDO SE TRATA TOTALMENTE DE SERVICIO Y EDUCACIÓN.

ESTO ME INSPIRÓ A CONTACTARLOS. A HACERLOS CONSCIENTES DE ESTA CAMPAÑA Y DEL IMPACTO QUE NOSOTROS, THE DIVINE 9,

REALIZAREMOS AL EDUCAR Y SERVIR A NUESTRAS COMUNIDADES CON ESTA INFORMACIÓN. ES LA CAMPAÑA UNITED FOR HUMAN RIGHTS LA QUE YA ESTÁ CAMBIANDO NUESTRO MUNDO.

ADJUNTO A ESTA CARTA SE ENCUENTRA UN PAQUETE QUE MUESTRA EL IMPACTO QUE HA TENIDO. ¡NUESTRA ASISTENCIA SERÍA MONUMENTAL Y UNIFICADORA! NO PUEDO IMAGINAR UN SERVICIO O UNA EDUCACIÓN MAYOR DE LO QUE PODEMOS OFRECER.

POR FAVOR, REVISEN EL CONTENIDO Y

DISCUTÁNLO. ACORDÉMONOS DE UNIR-
NOS, PARA LIBERAR A LOS SERES
HUMANOS DE LA FALTA DE CONOCI-
MIENTO DE SUS DERECHOS COMO SERES
HUMANOS.

AL RECONOCER LA IMPORTANCIA DE
CONOCER LOS DERECHOS HUMANOS DE
CADA UNO, TAMBIÉN RECONOCEMOS LA
NECESIDAD DE UN PARTIDO FORAL QUE
DEFIENDA ESTOS DERECHOS, DE DONDE
SURGE EL HUMAN RACE PARTY, DIRIGIDO
POR SERES HUMANOS, Y NO POR AQUE-
LLOS CON TENDENCIAS ANIMALÍSTICAS
REPRESENTADAS POR BURROS,
ELEFANTES O CUALQUIER OTRO ANIMAL,
SINO POR HUMANOS, LOS CUIDADORES
DE TODO.

GRACIAS, FAMILIA,
EMBAJADORA SAHJ KAYA

sahjkaya@gmail.com

HUMANRIGHTS.ORG
DELTA SIGMA THETA EPSILON PSI
UNITED TRADE COUNCIL
HUMAN RACE PARTY
UNIFIEDEXCHANGE.ORG

United Trade Council (unifiedexchange.org)

DIVINE 9

- **Alpha Phi Alpha Fraternity**
- **Alpha Kappa Alpha Sorority**
- **Kappa Alpha Psi Fraternity**
- **Omega Psi Phi Fraternity**
- **Delta Sigma Theta Sorority**
- **Phi Beta Sigma Fraternity**
- **Zeta Phi Beta Sorority**
- **Sigma Gamma Rho Sorority**
- **Lota Phi Theta Fraternity**

INSTITUCIONES para la sanación de la humanidad a través de Source Inspiration

- MAAT TEMPLE
- CAMPUS
- CAREER, EMPLOYMENT,
- ENTREPRENEURSHIP TRAINING INSTITUTE
- IRAQ
- HTH. - Hiring The Heritage, C.E.E.T. Institute Inc.
- MAAT Temple Sanctuary of Life Wellness Center

- MAAT Stars Family Entertainment Arena, que presenta: 7 Culture Dinner Theater, el estado del arte de HolyRoller de última generación, pista de patinaje, sala de juegos electrónicos y robóticos, Vestro delicatessen, cine infantil

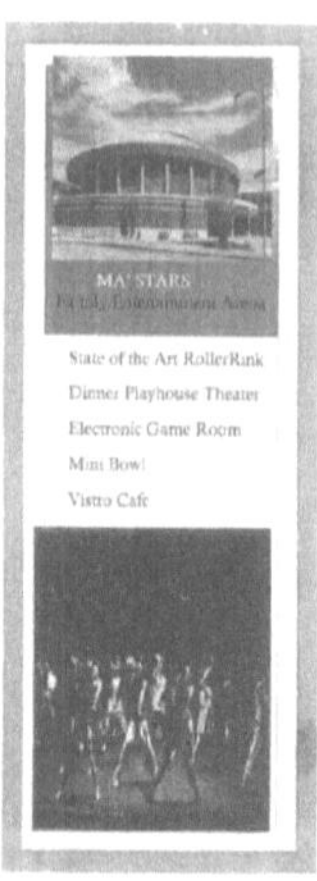

ORGANIZACIÓN DE GESTIÓN DEL DINERO
CONCIENCIA/ACTIVIDAD COMUNITARIA
COMPRENSIÓN DE LOS IMPUESTOS / AUTO-
DEFENSA
ENSEÑANZA, CAPACITACIÓN, PASANTÍA
TÍTULO EN ARTES CULINARIAS
SERVICIO DE CATERING PARA TODAS LAS
CULTURAS MFEA, KUUMBA DinnerPlayhouse
FORJEMOS NUESTRAS CULTURAS MFEAKUUM-
BADinner Playhouse

PRODUCCIONES CREATIVAS MFEAKUUMBA-
DinnerPlayhouse
CONTABILIDAD EMPRESARIAL, REGISTRO DE
CUENTAS, INVENTARIO MFEAKUUMBADinner-
Playhouse
EQUIPOS DE LIMPIEZA MA'AT TEMPLE CAMPUS
I-REFLECTION SIGUE ADELANTE
CLUB DE BRUNCH PARA ANCIANOS DEL
BARRIO
& CUIDADO INFANTIL
MA TEMPLE SANCTUARY OF LIFE

Misión

Mejorar la calidad de vida de las personas en desventaja
económica y educativa a través de la capacitación en el
desarrollo educativo, cultural, humano y espiritual.

Cómo vivir como ser humano
Salud espiritual
Salud mental
Salud física
MA STARS FAMILY ENTERTAINMENT ARENA
KUUMBA DINNER PLAYHOUSE
PISTA DE PATINADO DE ÚLTIMA GENERACIÓN
CABINA DE DJ
SALA DE JUEGOS ELECTRÓNICOS

VISTRO FUD BAR
EVENTOS ANUALES DE RECAUDACIÓN DE
FONDOS
Saludo al Patrimonio de la Humanidad "Tribute Series
Summer Serenade
Siete días de Kwanzaa "Culturally Yours"
Reignbow for Peace: Encuentro Humanitario
Baile de Disfraces "Noche de Thriller"
Premios Torch of Dreams, Cena Benéfica, Festival Cultu-
ral, Día Nacional del Tap, Competencias de Patinaje,
Torneos de Juegos
MAAT TEMPLE
CAMPUS
CARRERA, EMPLEO,
INSTITUTO DE CAPACITACIÓN EN EMPREN-
DIMIENTO
ZIMBABWE
HTH. - Hiring The Heritage, C.E.E.T. Institute Inc.
MAAT Temple Sanctuary of Life Wellness Center
MAAT Stars Family Entertainment Arena, que cuenta
con: 7 Culture Dinner Theater, el innovador HolyRoller,
pista de patinaje, sala de juegos electrónicos robóticos,
Vetsro delicatessen, cine infantil
CAMPUS
C.E.E.T.I.
MATemple Sanctuary

Arena de Entretenimiento MA'Stars

C.E.E.T.I

Carrera, Empleo, Emprendimiento, Instituto de Capacitación

MAAT TEMPLE

CARRERA, EMPLEO,

INSTITUTO DE CAPACITACIÓN EN EMPRENDIMIENTO

VIETNAM

UNIFIED EXCHANGE - UNITED TRADE COUNCIL

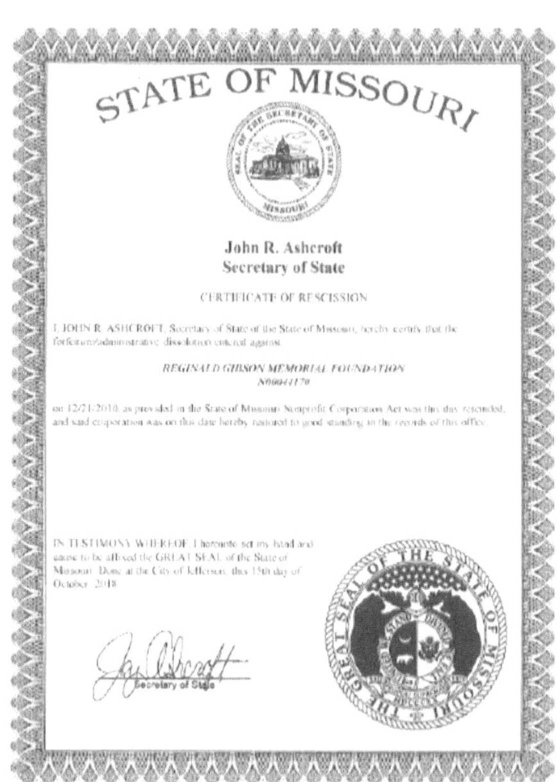

STATE OF MISSOURI

John R. Ashcroft
Secretary of State

CERTIFICATE OF RESCISSION

I, JOHN R. ASHCROFT, Secretary of State of the State of Missouri, hereby certify that the forfeiture/administrative dissolution entered against

REGINALD GIBSON MEMORIAL FOUNDATION
N00044170

on 12/21/2010, as provided in the State of Missouri Nonprofit Corporation Act was this day rescinded, and said corporation was on this date hereby restored to good standing in the records of this office.

IN TESTIMONY WHEREOF, I hereunto set my hand and cause to be affixed the GREAT SEAL of the State of Missouri. Done at the City of Jefferson, this 15th day of October, 2018.

Secretary of State

Se estableció la Fundación Conmemorativa Reginald J. Gibson para homenajear a un hombre que no debe ser olvidado, un hombre que amaba a Dios por el amor y la verdad que encontró en Él y compartió ese amor e integridad con todos los que entraron en contacto con él. Él conocía la verdad, la vivió, la expresó y la compartió con todos, incluso con aquellos que se resistían a ella, pues sabía que el espíritu de la verdad es la integridad de Dios. Al conocer la verdad, también comprendía la salvación que ofrece la educación y la devastación de quienes habían caído víctimas de la mala educación y la desinformación, dejando a las personas afectadas inestables e incapaces de mejorar sus vidas. Por ello, la Fundación fue diseñada específicamente para asistir a los desfavorecidos en lo educativo y lo económico en el mejoramiento de su calidad de vida. La Fundación Reginald J. Gibson, rebautizada como United Trade Council, se encuentra en Kansas City, Missouri.

La misión principal de la Fundación Gibson es financiar y apoyar "Hiring the Heritage[1]", un programa de capacitación en emprendimiento y empleo que aprovecha las habilidades innatas o talentos y enseña a las personas a hacer que estos talentos sean comercializables. Este programa también ofrece talleres prerrequisito que ayudan a enseñar disciplinas conductuales que contribuyen al mantenimiento y éxito de estas nuevas opciones. Un gran apoyo (tanto financiero como educativo) para

"Hiring the Heritage" proviene de los eventos de recaudación de fondos patrocinados por la fundación, los cuales también ofrecen estimulación educativa, información cultural y participación comunitaria, siendo a la vez agradablemente entretenidos y recaudando diversión y fondos.

"Hiring the Heritage" es el nombre de este programa y está directamente relacionado con la herencia de la humanidad, aquellas personas que se adhieren a nuestro lema: "Avanzando hacia el empleo de personas y el servicio a nosotros mismos."

Recuerda siempre ayudarnos a nosotros mismos y ayudar a los demás, porque cuando ayudamos a los demás, nos ayudamos a nosotros mismos.

La Fundación es verdaderamente un ejemplo de la esperanza y la humanidad que mi esposo, Reginald J. Gibson, vivió en palabra y en obra. Al vivir a través de mí y de esta fundación, se planta una semilla de vida para que él pueda vivir eternamente en todos aquellos que se beneficien de este esfuerzo por educar, iluminar y empoderar.

STATE OF MISSOURI

Robin Carnahan
Secretary of State

CERTIFICATE OF INCORPORATION
MISSOURI NONPROFIT

WHEREAS, Articles of Incorporation of

Hiring the Heritage, Career, Employment, Entrepreneurship, Training Institute, Incorporated
N01230894

have been received and filed in the Office of the Secretary of State, which Articles, in all respects, comply with the requirements of Missouri Nonprofit Corporation Law;

NOW, THEREFORE, I, ROBIN CARNAHAN, Secretary of the State of Missouri do by virtue of the authority vested in me by law, do hereby certify and declare this entity a body corporate, duly organized this date and that it is entitled to all rights and privileges granted corporations organized under the Missouri Nonprofit Corporation Law.

IN TESTIMONY WHEREOF, I hereunto
set my hand and cause to be affixed the
GREAT SEAL of the State of Missouri.
Done at the City of Jefferson, this
24th day of May, 2012.

Secretary of State

State of Missouri

Robin Carnahan
Secretary of State

CERTIFICATE OF ORGANIZATION

WHEREAS,

DOMASTARS Family Entertainment Arena LLC
LC1227950

filed its Articles of Organization with this office on the May 16, 2012, and that filing was found to conform to the Missouri Limited Liability Company Act.

NOW, THEREFORE, I, ROBIN CARNAHAN, Secretary of State of the State of Missouri, do by virtue of the authority vested in me by law, do certify and declare that on the May 16, 2012, the above entity is a Limited Liability Company, organized in this state and entitled to any rights granted to Limited Liability Companies.

IN TESTIMONY WHEREOF, I hereunto set my hand and cause to be affixed the GREAT SEAL of the State of Missouri. Done at the City of Jefferson, this May 16, 2012.

Secretary of State

Robin Carnahan
Secretary of State

CERTIFICATE OF TERMINATION

WHEREAS, Articles of Termination of

CannaCaucasA&E LLC
LC0880339

a Limited Liability Company, have been received, found to conform to law, and filed.

NOW, THEREFORE, I, ROBIN CARNAHAN, Secretary of State of the State of Missouri, issue this Certificate of Termination of the aforenamed Limited Liability Company, certifying that the existence of said Limited Liability Company has this date ceased.

IN TESTIMONY WHEREOF, I hereunto set my hand and cause to be affixed the GREAT SEAL of the State of Missouri. Done at the City of Jefferson, this 26th day of May, 2009.

Secretary of State

STATE OF MISSOURI

Robin Carnahan
Secretary of State

CERTIFICATE OF INCORPORATION
MISSOURI NONPROFIT

WHEREAS, Articles of Incorporation of

MATEMPLE Sanctuary of Life Inc.
N01219781

have been received and filed in the Office of the Secretary of State, which Articles, in all respects, comply with the requirements of Missouri Nonprofit Corporation Law;

NOW, THEREFORE, I, ROBIN CARNAHAN, Secretary of the State of Missouri do by virtue of the authority vested in me by law, do hereby certify and declare this entity a body corporate, duly organized this date and that it is entitled to all rights and privileges granted corporations organized under the Missouri Nonprofit Corporation Law.

IN TESTIMONY WHEREOF, I hereunto
set my hand and cause to be affixed the
GREAT SEAL of the State of Missouri.
Done at the City of Jefferson, this
11th day of April, 2012.

Secretary of State

SOS #30 (01-2008)

AUNQUE ESTOY BOMBARDEADO CON TODA LA CORRUPCIÓN QUE SE EXPULSA A TRAVÉS DE LAS ONDAS, y CON TODAS LAS HISTORIAS QUE CONDUCEN A LAS PERSONAS EN TODAS LAS DIRECCIONES Y LES ALEJAN DE LA INTEGRIDAD Y EL ENFOQUE COMUNI-TARIO HUMANO. BUSCO PERSONAS QUE PUEDAN COMPRENDER LA ESTRATEGIA PARA ELEVAR LA COMUNIDAD Y CORREGIR LA NARRATIVA DE ESTA "MALA PELÍCULA" CON

ESTOS "MALOS PERSONAJES"; HAY UNA VERDAD QUE DEBE SER CONTADA; HE SIDO ENVIADA PARA CONTARLA, PARA LIBERAR Y EMANCIPAR A LA HUMANIDAD DELA ESCLAVITUD MENTAL, Y ESTA ES UNA FORMA DE CONTARLO Y HACERLO.

ME INSPIRÉ PARA CREAR ESTA MÚSICA, DIVINE INTERVENTION Y THRILLED TO LIFE, ASÍ COMO PARA ESTABLECER E.H.R.P. EQUALITARIAN HUMAN RACE PARTY LLC. ESTÁ ESCRITO, PARAFRASEANDO: "CON EL CONSENTIMIENTO DEL PUEBLO SE GOBIERNA; CUANDO LA CORRUPCIÓN PERDURA, ES HORA DE CAMBIARLA O ABOLIRLA". HE SIDO ENVIADA PARA PRESENTAR ESTA ALTERNATIVA. NO SE TRATA DE UNA NUEVA NARRATIVA, SINO DE LA VERDADERA NARRATIVA.

UNA PETICIÓN QUE TENGO PARA USTEDES, QUE HAN LEÍDO MIS EXPERIENCIAS Y MI MISIÓN PARA NUESTRO NUEVO MUNDO, ES QUE ESCUCHEN MI MÚSICA, QUE SE ENCUENTRA EN YOUTUBE, SPOTIFY, ITUNES. AGRADECERÍA A TODOS AQUELLOS QUE TIENEN OJOS, OÍDOS Y CORAZONES Y SE UNAN A MÍ PARA RENOVAR LA VIDA EN NUESTRO PLANETA.

MI MISIÓN, TOMANDO EL BATÓN DE LAS

MANOS DE TANTOS COMO TUPAC, MALCOLM, MARTIN, HARRIET, SHIRLEY Chisholm Y MUCHOS MÁS QUE ME MANTIENEN DESPIERTA POR LAS NOCHES, POR ASÍ DECIRLO, ES TERMINAR LA CARRERA PARA LIBERAR A LOS "CAPTIVOS"[1]. INTENTARÉ LLEVAR ESTE MENSAJE A QUIEN QUIERA ESCUCHAR, OÍR Y AYUDAR. HE REBRANDEADO LA REGINALD GIBSON MEMORIAL FOUNDATION INC 501C3 COMO THE UNITED TRADE COUNCIL; MIS OTRAS EMPRESAS, HIRING THE HERITAGE A CAREER EMPLOYMENT ENTREPRENEURSHIP TRAINING INSTITUTE INC., MAATTEMPLE SANCTUARY OF LIFE INC (WELLNESS), EXONERATE MA PEOPLE JUSTICE INITIATIVE INC FOR WRONGLY CONVICTED, MASTERS FAMILY ENTERTAINMENT INC. ARENA, TUJA PRODUCTION & PUBLISHING, CANNABIS CAUCUS AGRICULTURE, ENVIRONMENT & EDUCATION, ESTOY ROMPIENDO EL TECHO AL SOÑAR Y MANIFESTAR A LO GRANDE; ESTO COMBINADO ES MAAT TEMPLE CAMPUS. DISEÑADO POR LA SOURCE QUE ME ENVÍO. HE ESCRITO PARTE DE MI HISTORIA EN MI LIBRO "RELEASED" POR KAYA GIBSON, DISPONIBLE EN AMAZON.COM. PUEDEN CONTACTARME A SAHJKAYA@

GMAIL.COM, 816-616-8497, PARA RESERVAR CONFERENCIAS.

CAMPAÑA RADICAL EXTREME ELIMINATE THE THREAT, SAHJKAYA PARA PRESIDENTE, LA PLATAFORMA: S.I.N. (SELF INFLICTED NONSENSE) & POLITICAL STRINGS (GANGSTER RINGS WORLDWIDE/GLOBAL COLLEGE CAMPUS CAMPAIGN).

"¡SAHJKAYA LOS QUIERE! ¡SERES HUMANOS!!"

— Nuestro equipo de limpieza de la Tierra.

LA ENERGÍA HUMANA SE MANIFIESTA EN FORMA HUMANA EN UNA VARIEDAD DE CULTURAS ÚNICAS Y HERMOSAS. IGUAL. ¡ELI-MINEN LA AMENAZA!

RESOLVIENDO LA CRISIS DE IDENTIDAD HUMANA Y LA ENFERMEDAD ESPIRITUAL, GRACIAS POR SU TIEMPO Y CONSIDERACIÓN. SOY LA SACERDOTISA UNGIDA SEIFUALA ADNORIJAH KAYA. MAAT TEMPLE SANCTUARY OF LIFE INC.

TAMBIÉN CONOCIDA COMO SAHJKAYA,

NACIDA: Rhonda m Gibson: TODOS LOS DERE-CHOS RESERVADOS. Flint, Michigan

IGUAL. RADICAL, EXTREMO, EQUALITA-RIAN HUMAN RACE PARTY LLC, ¡ELIMINEN LA AMENAZA! SAHJKAYA PARA PRESIDENTE, DIVINE INTERVENTION CD (Palabras Habladas y Música Reggae)

THRILLED TO LIFE (Hip hop, percusión africana, palabra hablada)

Recopilación para recaudar fondos para la campaña
DIVINE INTERVENTION
THRILLED TO LIFE

CICLOS DE DOLOR, KANSAS CITY BRILLANDO CON FUERZA, UNA PARTE DE LOS MEDIOS OCULTA, TIEMPO FUERA PARA LOS QUE ODIAN, ÚLTIMOS DÍAS, TOOKIE.

TORRE DE LA BIBLIA, MEDIA A PART HIDES (SPW)/PERCUSIÓN.

AMOR, AMOR, AMOR, MI YUGO ES FÁCIL.

FIESTA REGGAE, ADORADORES DE ÍDOLOS;

ARMAS NUCLEARES, ¿REALMENTE ME AMAS A MÍ / A NOSOTROS?

POLITICAL STRINGS, LLÁMENLO COMO ES (LA RAÍZ).

CAMINANDO.
TRABAJEN JUNTOS.

Esto, como ya sabemos, es el gran engaño: la humanidad creó un dios ídolo para que lo adores—un dios ídolo y una religión para dividir y conquistar a ti, el humano, a ti que estás dotado de todo el buen poder, no del poder de dios, sino de la buena energía.

"No es el poder de dios, sino la buena energía. Este engaño te despojó del conocimiento del poder que eres."

Mediante esto, divididos y conquistados, y hasta el día de hoy, te han convertido en esclavo de ellos y en enemigo de ti mismo y de los demás mediante las categorizaciones que permites y aceptas que te imponen.

Lo que te hace humano es tu humanidad. Los conoces por su AMOR (humanidad)

CERTIFICATE OF INCORPORATION

WHEREAS, Articles of Incorporation of

EXONERATE MA PEOPLE JUSTICE INITIATIVE INC.
N000708369

have been received and filed in the Office of the Secretary of State, which Articles, in all respects, comply with the requirements of Missouri Nonprofit Corporation Law;

NOW, THEREFORE, I, JOHN R. ASHCROFT, Secretary of State of the State of Missouri, do by virtue of the authority vested in me by law, do hereby certify and declare this entity a body corporate, duly organized this date and that it is entitled to all rights and privileges granted corporations organized under the Missouri Nonprofit Corporation Law.

IN TESTIMONY WHEREOF, I hereunto set my hand and cause to be affixed the GREAT SEAL of the State of Missouri. Done at the City of Jefferson, this 3rd day of May, 2018.

Secretary of State

¡Haz Lo Tuyo!

HAZ LO TUYO "Tiempo Fuera para los que odian"

EMANCÍPENSE DE LA ESCLAVITUD
   MENTAL
NO IMPORTA CUÁL SEA LA CRISIS.
HACIENDO, YA, HACIENDO LO
   TUYO.
EN ESTA ERA DE LA DESHUMA-
   NIDAD TECNOLÓGICA,
ATROCIDADES CIENTÍFICAS,
   MISPHYLOSIFÍAS ATÓMICAS,
   NUCLEAR
MALA ENERGÍA, ES UN MUNDO
   QUE IMPONE INSEGURIDADES
   DE POR VIDA (H.I.M)
NO IMPORTA CUÁL SEA LA CRISIS

*TIEMPO FUERA PARA LOS QUE
     ODIAN,
LOS COMERCIANTES DEL AMOR Y
     LA VIDA,
INTERCAMBIANDO LA PASIÓN
     DEL AMOR POR LA VIOLENCIA
     Y EL CONFLICTO
NO PUEDEN NI ABRAZARSE,
     TIENEN QUE PELEAR Y
     LUCHAR
CARIÑO, DAME UN ABRAZO
EL AFECTO SE ESCONDE EN LA
     OSCURIDAD DE LA NOCHE
TIEMPO FUERA PARA LOS QUE
     ODIAN, LOS COMERCIANTES
     DEL AMOR Y DE UNA VIDA
     FELIZ
¡VAMOS A DERROTAR EL ODIO
     CON TODA NUESTRA FUERZA!
VENGAN, VAMOS A CANTAR
     "CHANT DOWN BABYLON" UNA
     VEZ MÁS
¡ES CLARIDAD! EL AMOR NOS DIO
     LA VIDA Y UN CORAZÓN PARA
     HACERLO BIEN
TIEMPO FUERA PARA LOS ODIA-*

DORES, LOS FALSOS, LOS
MENTIROSOS Y LOS TRAMPOS,
NUNCA PUEDES COMPETIR CON
LA PASIÓN DEL AMOR, LOS
ODIADORES ESTÁN PASADOS
DE MODA,
CELOS, ENVIDIA, VENGANZA,
RENCOR, ARROGANCIA, IGNO-
RANCIA, LA PESTE POMPOSA,
VULGAR Y VIOLENTA
TODO ESCRITO EN TU GUIÓN DE
WILYE LYNCH,
¡Déjalo ir! ¡Déjalo ir!
ABRES LOS OJOS Y VES QUE ESTÁS
ACTUANDO COMO ALGUIEN
QUE ALGUIEN TE DIJO QUE
DEBERÍAS SER.
LAS CULTURAS Y LOS COLORES
TODAVÍA SE ENFRENTAN
RACIALMENTE,
TIEMPO FUERA PARA LOS ODIA-
DORES, PRINCIPALES COMER-
CIANTES DEL AMOR Y DE UNA
VIDA FELIZ,
¡RECORDANDO QUE EL HONOR, EL
RESPETO Y LA UNIDAD NOS

*MOSTRARÁN CÓMO VIVIR LIBE-
RADOS, RESPETÁNDOTE A TI,
RESPETÁNDONOS A NOSOTROS Y
A TODOS LOS HUMANOS RESPEC-
TIVAMENTE! ¡HAZ LO TUYO!
EN ESTA TENDENCIA COMEN-
ZAMOS A AMARNOS A NOSO-
TROS, A TI, A NOSOTROS, A MÍ Y
A MÍ, EL ÁRBOL DEL AMOR
PARA LA HUMANIDAD,
CERRANDO LA PUERTA A LA
GUERRA Y A LAS PALABRAS DE
DESTRUCCIÓN MASIVA, ¡BAJEN
LAS ARMAS!
¡AMOR EN CONSTRUCCIÓN! ¡DES-
HÁGANSE DE LAS BOMBAS, LAS
ARMAS NECESITAN DISOL-
VERSE, SAQUEN EL POLVORÍN
DE LA EXPLOSIÓN, QUÍTENLE
LA B A LA BOMBA, QUÍTENLE
LA M Y AÑÁDANLE CAL Y
TENDRÁS CALMA, UN MUNDO
SIN BOMBAS SERÍA UN MUNDO
EN CALMA!
¡ELIMINA LA AMENAZA!
CONSIGUE UNA MASCOTA, Y
RESTABLECE TU VIDA HACIA EL*

AMOR, NO HACIA EL ARREPEN-
TIMIENTO, ¡TIEMPO FUERA
PARA LOS ODIADORES, LOS
INSTIGADORES DEL DOLOR, EL
CAOS Y LA MUERTE! ¡ES HORA
DE DEJARLO PASAR! ¡LOS ODIA-
DORES QUEDAN DESPEDIDOS!
¡DESPEDIDOS!!!!!
TIEMPO FUERA PARA LOS
ODIADORES,
¡COMERCIANTES DEL AMOR Y DE
LA VIDA!
¡HAZ LO TUYO!

— :Rhonda-marie:Baker –EL
TODOS LOS DERECHOS
RESERVADOS

TAN ORGULLOSA DE FINALMENTE CONOCER MI NACIONALIDAD, ¿CONOCES LA TUYA?

SOY Moorish American (Moorish American, El Imperio Marroquí)

Sacerdotisa SahjKaya -EL

DECLARATION OF NATIONALITY

for Washitaw Muurs

I, Rhonda M Gibson _______, declare that I am a free and sovereign individual of this land of the ancient mound builders, known by it's indigenous name, Empire Washitaw de Dugdahmoundyah. I willingly and knowingly exercise my right to a nationality as a member of the indigenous Emperial Washitaw Nation of the Empire Washitaw de Dugdahmoundyah. I further reserve all of the fundamental freedoms and God-given rights of every human being upon this earth. Any and all, past and present political affiliations implied by operation of law or otherwise with foreign entities are hereby, now and forever, dissolved and revoked. Signed and witnessed this 18 day of the Sept month of the year 1998.

[L.S.] X _Rhonda M Gibson_

Bona Fide Signature

Rhonda M. Gibson

(Print Name)

Witness Bona Fide Signature

Witness Bona Fide Signature

Print Witness Name

Print Witness Name

Empire Washitaw de Dugdahmoundyah

P.O. BOX 1509
COLUMBIA, VIA, U.S.A. POSTAL ZONE 71418
(318) 341-9670

Ministry of Information   Office of Vital Statistics

CERTIFICATE OF LIVE BIRTH

This certifies that Rhonda Marie Baker Gibson / Seifaala Adnorhijah Kaya was born
on 21 Jan 1956 at Flint Michigan-Northwest Province
(Washitaw)

by Robert Joseph Baker Sr.
Father's Name

and Leona Vivon Brier
Mother's Maiden Name

As recorded and sealed in the
Empire Washitaw de Dugdahmoundyah

Authorized Official, Empire

Her Highness Verdiacee "Tiari" Washitaw-Turner Goston El-Bey, Empress
UAXASHAKTUN * UAXACTUN * WU1 * 001